LA VERDADERA HISTORIA QUE INSPIRÓ LA
PELÍCULA GANADORA DE VARIOS PREMIOS

VÍCTOR

POR VÍCTOR TORRES
Y DON WILKERSON

PRÓLOGO POR NICKY CRUZ

WHITAKER
HOUSE

VÍCTOR

Thevictormovie.com

facebook.com/VictorTorresMinistries
newlifeforyouth.com

New Life Outreach International Church
P.O. Box 13526
Richmond, VA 23225

ISBN: 978-1-64123-055-1
eBook ISBN: 978-1-64123-056-8
Impreso en los Estados Unidos de América
© 2017 por Victor Torres

Whitaker House
1030 Hunt Valley Circle
New Kensington, PA 15068
www.whitakerhouse.com

Library of Congress Cataloging-in-Publication Data (Pending)

1 2 3 4 5 6 7 8 9 10 11 12 ⊔⊔ 25 24 23 22 21 20 19 18 17

DEDICATORIA

Este libro está dedicado a la gloria del Señor y a mis amados padres, por su persistencia en la búsqueda de una nueva vida para su hijo "perdido y hallado". También está dedicado a mi maravillosa esposa y mejor amiga, Carmen. Igualmente, a nuestros cuatro hijos: Feliza, Rosalinda, Michelle y Víctor Phillip (Tito), a quienes amo profundamente.

AGRADECIMIENTOS

Estaré por siempre agradecido por el impacto que David Wilkerson ha causado en mi vida. Su llamado divino que lo llevó a las calles de la maldad en Nueva York y su ministerio *Teen Challenge* tocaron mi vida, y me brindaron una vía para que yo viniera a Cristo y tuviera una segunda oportunidad de vivir.

Agradezco, a su vez, a Nicky Cruz, quien me iluminó y llegó a ser modelo de inspiración y fe para creer en Dios por mi propio milagro. Él me invitó a que tuviera grandes sueños dedicados al trabajo de Dios, y estoy agradecido por su liderazgo. Su interés personal me ayudó a asistir al Colegio Bíblico, y prepararme para mi llamado ministerial.

También estoy muy agradecido con Don Wilkerson, quien me ministró desde el primer día, cuando yo estaba herido, lleno de dudas, y confundido en mi condición de nuevo cristiano. Él me motivó y oró por mí mientras yo estaba en el programa de *Teen Challenge*. A través de los años de mi ministerio, él me ha proporcionado consejo y sabiduría para mantenerme en curso. Hoy, Don es miembro de la Junta Directiva de *New Life For Youth* (Nueva Vida para la Juventud). Él y su esposa Cindy continúan siendo una gran fuente de orientación y apoyo para mi ministerio.

De igual manera, agradezco a Claudia Pérez por su asistencia cuidadosa para esta nueva edición revisada y autorizada por mí. Usted me puede contactar a www.newlife1.org, o puede escribir a *New Life Outreach International Church*, P.O. Box 13526, Richmond, VA 23225.

—*Víctor Torres*

CONTENIDO

PRÓLOGO

Cuando vi a Víctor Torres por primera vez, él era un adicto a drogas (a la heroína), un perdido, la escoria de la sociedad. Víctor vino al centro de rehabilitación en Nueva York con sus padres, quienes sufrían las consecuencias de la adicción de su hijo. Estaba delgado, pálido y enfermo, porque su alma y su cuerpo padecían los requerimientos cada vez más fuertes que le exigían su dependencia física y psíquica. Víctor era solo uno de tantos que, como él, procedían de familias puertorriqueñas y del ambiente del guetto. Yo era Director del Centro *Teen Challenge* en la época en que Víctor acudió a dicha institución en busca de ayuda. Lo aceptamos en nuestro programa de rehabilitación. Tuvo que pasar por el trauma que experimentan los drogadictos cuando tratan de romper el hábito. Fue sometido a una prueba de fuego, sostenía una lucha mental aguda, y sufría intensos dolores en el cuerpo. Al verlo en esas condiciones, el personal del Centro, compuesto por ex convictos y ex adictos, cayó de rodillas en oración, rogándole a Dios que obrara un milagro en esta vida arruinada por el vicio y el pecado.

Recuerdo el día en que Dios derribó las barreras, llegando hasta la mente, el corazón y el espíritu mismo de este joven. Recuerdo cómo el amor, la paz, y el gozo inundaron su ser. Fue levantado y colocado en un lugar donde el perdón de Dios lo alcanzó. Aceptó a Jesús derramando lágrimas de gratitud. Le entregó al Señor su soledad, sus temores, sus dudas y sus debilidades, y Dios las recogió todas.

¿Qué puedo decir sobre el Víctor que conozco hoy en día? Han transcurrido varios años. Víctor fue a la Universidad. Ahora es un hombre dedicado por entero al servicio de Dios. Vive en Richmond, Virginia, con su esposa Carmen, y sus hijos, Feliza, Rosalinda, Michelle y Víctor Phillip. Toma muy en serio su papel de esposo y padre de familia. Creo que en el futuro oirán hablar mucho sobre este hombre porque su vida tiene la unción del Señor. La carta de recomendación de Víctor no es el hecho de que pertenezca a una denominación de prestigio, sino que tiene un mensaje para los padres y jóvenes de este país, y sus credenciales cuentan con la aprobación divina.

Los frutos de su ministerio, *New Life for Youth* (Nueva Vida Para la Juventud) y *New Life Outreach International Church* (Iglesia de Alcance Nueva Vida), y los centros que trabajan con hombres y mujeres destruidos por el vicio, y que antes vivían sin esperanza, demuestran no solo la capacidad y la experiencia de Víctor; también ponen de manifiesto el amor genuino que siente por los jóvenes, y su preocupación por conservar la unidad de la familia.

A medida que vayas leyendo este libro, vas a encontrarte tú mismo ahí, en esos edificios de viviendas para personas de bajos ingresos. Experimentarás el dolor de la familia de Víctor. Podrás ver cómo se vive en el ghetto.

Ruego a Dios que con la lectura de este libro adquieras un sentido de responsabilidad, sientas compasión hacia los demás, y obtengas un sentido de dirección en tu vida, porque la lucha contra la corrupción, la adicción a las drogas y la criminalidad en nuestras comunidades aún no ha terminado.

Ora por Víctor y por su ministerio. Deja que este libro inspirador sea para ti otro recordatorio más de que Dios puede tomar "seres desechados e inservibles" y dotarlos de dignidad, y convertirlos en siervos de Jesús de Nazaret. Y recuerda: Cristo te ama.

—*Nicky Cruz*

INTRODUCCIÓN

Es un privilegio haber ayudado a Víctor Torres a escribir y publicar este libro en el 1973. Era yo, en ese momento, el Director del Centro *Teen Challenge* de Brooklyn, fundado por mi hermano David Wilkerson, autor de *La Cruz y el Puñal*. Víctor ingresó a nuestro Centro en noviembre de 1963. Era un muchacho delgado, de movimientos nerviosos e imprecisos debido al uso de las drogas. Su transformación total y rehabilitación por el poder de Dios como ex pandillero en el notorio "Brownsville" de Brooklyn a finales de 1950 y principios de 1960, es una increíble historia de cómo la gracia y la misericordia de Dios lo salvó, ya sea de una muerte segura o de una prisión de larga sentencia. Verdaderamente Víctor vivía atrapado en la calle del mal. ¿Por qué contar esta historia de nuevo?

Porque con solo leer los titulares de la prensa de hoy o de mirar alrededor de donde usted vive, se puede constatar que la historia de las pandillas y las drogas está repitiéndose cíclicamente. Pandillas de adolescentes se han levantado de nuevo en los grandes centros urbanos, así como en las ciudades medianas e incluso, en las ciudades pequeñas. Pero las pandillas de hoy en día están armadas con maquinaria para matar, incluyendo armas automáticas, y de poder de fuego. Son potencialmente diez veces más peligrosas que las pandillas de los 50's y 60's. En aquellos días, las pandillas causaban daños a ellos mismos o a bandas rivales. Hoy, cualquiera que se interponga en el camino puede ser víctima mortal de un tiroteo producto del delito. La delincuencia juvenil ha aumentado en un 50% desde 1988 hasta 1992, y sigue creciendo cada año.

En las principales ciudades, ciertos barrios no son controlados por la policía, sino por las organizaciones pandilleras. Una de las pandillas en Chicago, "Los Discípulos de los Gánsters", ahora tiene su propia agenda para convertirse en una coalición bien organizada con el objetivo de comprar políticos, y tener influencia en el gobierno y las leyes.

Víctor fue un integrante de la pandilla "Los Señores Romanos" en Brooklyn, en la ciudad de Nueva York. Él fue un adolescente que creció en ese ambiente, pero logró liberarse. En la actualidad, es un hombre casado y padre de cuatro hijos. Jesucristo, por medio del trabajo del Espíritu Santo y gracias a las oraciones de su madre, realizó un milagro en su vida. Víctor fue en ese entonces y aún es "un hombre nacido de nuevo" a una nueva vida.

Desde el horror de la adicción, Víctor fue liberado por el poder de Dios a través de la oración. Yo me conmuevo cada vez que cuento, aunque sea una parte de la transformación de la vida de Víctor, y lo animé a que imprimiera esta historia una vez más, de manera que los lectores pudieran apreciar la historia completa y siguieran su trayecto desde influyente pandillero y adicto a los narcóticos, hasta el hombre de Dios que es hoy.

Soy un testigo de los eventos que sucedieron una vez él dejó de estar "atrapado en la calle del mal", y entró por la puerta del

Centro *Teen Challenge* en la avenida Clinton en Brooklyn de la ciudad de Nueva York. Cada miembro de las familias afectadas por las drogas, alcohol y delincuencia o problemas similares, necesitan leer la historia de Víctor y sentir el reto en su fe, declarando que Dios puede seguir haciéndolo por aquellos que aún lo necesitan. Si Dios pudo hacerlo por Víctor Torres, Él puede hacerlo por cualquier otro. Si usted conoce un joven, un adolescente o un adulto en problemas similares, yo le recomiendo que trate de poner este libro en sus manos. Si usted conoce miembros de pandillas, muéstreles el título del libro; de pronto quizá se sientan atraídos a leerlo. Y si usted sabe de alguien con problemas de adicción, ya sea en las calles, en prisión, en un programa de rehabilitación o que ha salido recientemente de este hábito, este libro es una oportunidad para que ellos escapen de "la calle del mal", y encuentren un camino hacia una calle llamada "nueva vida."

Nosotros también animamos a aquellos que trabajan con adolescentes en conflictos, consumidores de drogas o con muchachos que se identifican con el estilo de vida que Víctor una vez vivió, para que adquieran este libro. Si usted puede, llévelos en cantidades suficientes a las manos de aquellos que se encuentran "atrapados en la calle del mal". Este libro podría salvar sus vidas, pero más importante, se daría evidencia de que Jesucristo puede cambiar sus vidas y ayudarlos a emprender un nuevo trayecto de libertad y paz.

La historia de Víctor es el cumplimiento de las palabras de Jesús cuando dijo: *"Así que, si el Hijo os libertare, seréis verdaderamente libres".* (Juan 8:36)

—*Don Wilkerson*
Director Ejecutivo
Global Teen Challenge

1

ATRAPADO EN LA CALLE DEL MAL

Mi madre entró corriendo a la habitación. Me encontró tirado en el piso al lado de la cama. En el brazo izquierdo tenía todavía la aguja de la inyección. Me encontraba inconsciente.

"Mi hijo...mi hijo está muerto! ¡Dios mío, está muerto!", gritaba histéricamente mi madre.

Mi hermano Ricky, que contaba con diez años de edad, acababa de descubrirme tendido en el piso. Presa del pánico, salió corriendo, llamando a gritos a mi madre. Mientras ella lloraba y se lamentaba inclinada a mi lado, Ricky permanecía de pie en la puerta, llorando desconsoladamente.

Esa mañana me había sentido enfermo al despertarme, tan enfermo que no había podido salir de la cama para dirigirme al lugar donde solía ponerme la inyección de la mañana... y la inyección de la tarde... y la inyección de la noche (y algunas veces unas cuantas más).

"¡Ricky, ven acá!", le había ordenado a mi hermano desde la habitación. "Me siento tan mal que no puedo salir. ¿Podrías alcanzarme los 'elementos?'".

A estas alturas, Ricky estaba acostumbrado a la rutina de su hermano drogadicto. Hasta intentó disuadirme; me habló como un hermano mayor, a pesar de que no era más que un niño de diez años.

"Tráeme un vaso con agua", le dije cuando me alcanzó los instrumentos. El dolor en el cuerpo se hacía más intenso. La última inyección me la había puesto a las siete de la noche anterior. Ahora sentía tensos los músculos de las piernas y los brazos. Tenía tenso todo el cuerpo. Ya sentía los primeros síntomas de calambres en el estómago. La nariz me chorreaba, y me dolía la cabeza.

"Tengo una bolsita en el armario en el baño", seguía dándole instrucciones a Ricky como si fuese mi enfermero.

Como un buen chico de los mandados me había reunido los instrumentos de muerte, incluyendo la mágica bolsita blanca que pronto me quitaría todo el dolor, la aflicción, y el sufrimiento. En cosa de cuatro o cinco segundos el polvillo circulaba por mis venas (a veces lograba preparar la droga, acondicionar la aguja y la jeringa, e introducirla en la vena en treinta segundos justos).

En el preciso momento en que pensaba que comenzaría a sentir la exaltación que produce la droga, me incliné repentinamente hacia adelante, y caí rodando de la cama al suelo. La droga era demasiado fuerte. Me había inyectado una sobredosis. El efecto de la heroína se había hecho sentir en forma rápida en el corazón, produciendo el desvanecimiento. Todo con tanta rapidez, que no tuve tiempo de sacarme la aguja. Cuando Ricky me descubrió, diez minutos más tarde, me sangraba todo el brazo.

Mi madre sabía que me inyectaba drogas, pero nunca me había visto en ese estado. Al inclinarse sobre mi cuerpo creyéndome muerto o moribundo, notó que yo moví levemente el brazo. Segundos después (segundos que le deben haber parecido una eternidad a ella), fui abriendo los ojos a medida que recobraba el conocimiento. La dosis no había sido fatal. Bien podría haberlo sido si la droga hubiese sido un poco más fuerte.

Ricky y mi madre me ayudaron a volver a la cama. Me saqué la aguja del brazo. Mi madre, llorando todavía, pero aliviada porque su hijo estaba vivo, aunque fuese un drogadicto, acercó mi cabeza a su pecho y me dijo.

"Víctor, ¿sabes lo que estás haciendo? Creí que te habíamos perdido. ¿No te das cuenta de lo que te estás haciendo a ti mismo y lo que le estás haciendo a tu madre? Me estás matando, hijo".

Con ternura, apoyó mi cabeza en la almohada. Levanté la vista en ese confuso estado de semi- inconsciencia, comprendiendo que una vez más mi vida había estado al borde del abismo de la muerte y del infierno, y traté de expresarle mi pesar.

"Yo estoy bien, mamá; déjame descansar un rato", le dije, porque quería estar solo. Me tapó con las cobijas, me acarició la cara con la mano, y salió silenciosamente de la habitación. En la puerta se detuvo, y se quedó mirándome en la cama. Mi madre dejó escapar un profundo sollozo.

Yo estaba solo y no tenía nada que hacer, sino tratar de olvidar.

La vida del adicto a las drogas consiste en tratar de olvidar. Cierto es que los momentos de exaltación son maravillosos. Mentiría si dijera lo contrario. Es emocionante, produce placer, es una inyección de energía. Pero lo mejor de todo es que mata el dolor. No me refiero al dolor físico únicamente. Mata los dolores de la mente. Paraliza el depósito de la memoria en el cerebro. Tiene la facultad mágica de envolver apretadamente los malos pensamientos, y esconderlos en un rincón de la cabeza. Uno se siente bien porque la mente deja de comunicar lo terrible de la situación: que uno es una deshonra para los propios padres; que uno es una deshonra para sí mismo.

El problema está en que tan pronto como se acaba el efecto sostenedor del producto químico, ese pequeño envoltorio de malos pensamientos vuelve a arremeter con energía, y le pega a uno como una descarga eléctrica. Si las dosis de heroína se demoran seis u ocho horas, el cuerpo y la sangre comienzan a reaccionar también.

"Aliméntame, chico", exclama el cuerpo en tono enfático. Conviene hacerle caso porque de lo contrario todos los músculos comienzan a hacer eco, mandando al cerebro desesperados mensajes de dolor. Si uno hace oídos sordos a los llamados, el cuerpo lo castiga con dolores imborrables. El resultado es doblemente peor: un cuerpo que no puede funcionar normalmente a menos que la sangre sea constantemente envenenada con la vil droga; una mente y una cabeza que quieren librarse de los pensamientos torturadores. No hay otra solución, sino responder al llamado de "la cura-heroína…dinamita… basura".

Tendido en la cama, esa mañana traté de olvidar. No podía. Me parecía que toda mi vida pasaba desfilando ante mi mente, como si estuviera mirando una película clasificada "X".

Todo comenzó cuando tenía siete años de edad. Mis padres vivían en Puerto Rico, y decidieron trasladarse a Nueva York. Pensaban, como piensan muchas otras personas, tanto de esa isla como de otras partes del mundo, que se dirigían a la "tierra prometida". No éramos muy pobres, pero tanto parientes como amigos, convencieron a mis padres de que Nueva York ofrecía mucho más de lo que nosotros teníamos. Mi padre partió solo, primeramente, diciendo que nos haría llamar lo antes posible. El sueño pronto se convertiría en realidad. Mi padre había mencionado que sus hijos recibirían mejor educación, que habría mejores oportunidades de trabajo, mejores condiciones de vida para toda la familia. No es que las condiciones de vida fueran tan terribles en la hermosa isla de Puerto Rico. Nuestro hogar era unido. Mi padre trabajaba honradamente. La vida se desenvolvía normalmente. Pero con todo, se había propuesto explorar las posibilidades de esa nueva tierra, y al mismo tiempo ofrecernos algo mejor de lo que habíamos conocido hasta entonces.

La experiencia de abandonar la isla del Caribe se grabó en forma profunda en mi mente. El sol brillaba con el fulgor de lo acostumbrado, el aire estaba limpio y delicioso. Todos llorábamos al alejarnos de nuestra tierra, de los parientes, los amigos, el hogar.

Llegamos a Nueva York con grandes deseos de ver a papá. Habían pasado seis largos meses desde que nos dejó. Recuerdo que mi padre dijo:

"¡Qué grande estás, mi pequeño Víctor! Casi no puedo conocerte".

Me levantó en sus brazos y me apretó contra su cuerpo. Después de saludar a otros parientes que ya vivían en Nueva York, nos dirigimos a nuestra nueva casa.

¡Qué distinto era este país! Hasta yo, siendo un niño pequeño, notaba fácilmente el contraste. El cielo era oscuro, el aire se sentía frío, los edificios altos, y los vehículos parecían chocarse unos a otros. No sabíamos qué clase de vecindario tendríamos, pero a medida que el automóvil avanzaba desde el aeropuerto hacia Brooklyn, el sombrío cuadro se nos hacía evidente poco a poco.

Solo a la mañana siguiente nos dimos perfecta cuenta de cómo era nuestra nueva zona de residencia. Nos tocaba vivir en uno de los barrios más brutales, más sucios y peores de Brooklyn: los guettos de Brownsville. Fue todo lo que pudo encontrar mi padre. Le había llevado seis meses conseguirlo. Después tuvimos que lamentar que lo hubiese logrado.

"Nos mudamos apenas podamos", nos prometió papá al notar nuestra desilusión. No había sistema de calefacción; usábamos la vieja cocina de gas para calentar toda la casa. Las paredes y el cielo raso se estaban desplomando, y la pintura se descascaraba. No teníamos nevera. Durante el invierno colocábamos las cosas en las ventanas para mantenerlas frías. Pero por lo menos no nos faltaba compañía. Las cucarachas, las ratas y ratones constituían nuestros amigos inseparables. Estaban en todas partes: en la mesa mientras comíamos, en el piso cuando jugábamos, hasta en la cama cuando dormíamos. Llegamos en invierno. Al tercer día nevó. Ricky se asomó a la ventana, vio caer los copos de nieve y exclamó:

"Se está cayendo la luna. ¡Miren, la luna se está cayendo del cielo en pedacitos!"

No habíamos visto nieve hasta entonces. Mi hermano y yo salimos corriendo escaleras abajo hacia la calle. Queríamos sentir la nieve en la cara y en las manos; hasta comimos nieve. Se trataba de una experiencia enteramente nueva y hermosa, especialmente porque era como una sábana blanca que cubría toda la fealdad y la suciedad de las calles.

Muy pronto la nieve y la suciedad se mezclaron, y el encanto desapareció. De las cuatro estaciones, llegamos a desear que hubiesen podido suprimir el invierno. Pero la peor época era la del verano. La temperatura alcanzaba a 38 grados centígrados o más. Había que abrir todas las ventanas, y entonces el ruido o los olores de las calles saturaban hasta el último rincón del departamento. De noche parecía que el dormitorio estuviera en el medio de la calle. Durante el día, la actividad en la calle parecía una combinación entre un parque de diversiones de Coney Island y la selva. El día comprendía cuatro ciclos. Los chicos se hacían cargo del horario de la mañana. Por la tarde, jugaban los adolescentes. Las primeras horas de la noche pertenecían a los padres y adultos en general, que se dedicaban a jugar el dominó, a las cartas o a los dados. Las horas comprendidas entre las diez de la noche y las cinco de la mañana pertenecían a los parias sociales, a los borrachos, a los drogadictos, las prostitutas, y las pandillas. Había noches en las cuales uno pensaba que se volvería loco. Hasta un manicomio hubiera sido preferible.

A causa del calor, la basura hedía diez veces peor. Cerrar las ventanas resultaba sofocante. En esas circunstancias, las ratas y las cucarachas se hacían cargo de la situación. Durante toda la noche los vehículos policiales recorrían velozmente las calles. Los gritos de alguna mujer al ser asaltada rasgaban la noche. Los tiros se oían con frecuencia.

Una de esas noches calurosas y húmedas, alrededor de las dos de la mañana, toda la familia se despertó al oír un grito que nos heló la sangre. Oí que mi madre sacudía a mi padre y le decía: "Creo que el ruido viene del departamento de los Rivera, en el otro piso. Levántate, Manuel, y ve a ver".

Papá se puso rápidamente los pantalones, abrió la puerta, y subió las escaleras escasamente iluminadas. Mamá se acercó a la puerta para observar. La puerta de la familia Rivera estaba cerrada con llave. Le oí decir en alta voz a mi padre: "Señora Rivera, ¿qué pasó? Déjeme entrar. Soy yo, Torres. ¡Ábrame la puerta!". La puerta se abrió, y apareció una madre que gritaba fuera de sí.

"¡Mi nena, mi nena, Dios mío, mi pobre nenita! La cara… mírele la cara…ayúdeme…haga algo, por favor. ¡Una rata le ha mordido la cara a mi nena!".

Mi padre entró corriendo y encontró a la nenita de los Rivera, de ocho meses, ensangrentada por las mordeduras en la frente y las mejillas. Una rata se había metido dentro de la cuna.

Papá le lavó las heridas y las vendó, mientras mi madre consolaba a la aterrada señora. Pocos meses después, una rata mordió la pierna a un muchacho de otra familia en el mismo edificio. Todo esto tuvo su influencia en la mente y las emociones de este niño de nueve años de edad. Esto también lo experimentaban mi hermano menor y mi hermanita. Vivíamos todos en constante temor. Mi padre trabajaba de noche en una fábrica. Salía de casa por la tarde, y no volvía sino hasta las dos de la mañana.

Recuerdo que, generalmente, lo esperábamos despiertos. Nosotros teníamos miedo, y por temor a que le aconteciera algo a él en el trayecto, lo esperábamos hasta que papá regresaba. Cada noche constituía una nueva crisis, pensando en que debía tomar el subterráneo, luego caminar por las oscuras y peligrosas calles. En el verano, lo esperábamos asomados a la ventana para verlo venir por la calle. Si estábamos en la cama, prestábamos atención para oír su silbido. Siempre silbaba cuando subía las escaleras, a menos que estuviera preocupado.

Con frecuencia se escondían en el edificio los miembros de alguna pandilla, o algún ladrón que esperaba a alguien a quien quería asaltar. Sabíamos que no había seguridad para papá mientras no hubiese entrado al departamento y hubiese cerrado la puerta con llave y cerrojo, ya que ni siquiera estar dentro del edificio ofrecía mayor seguridad. Solo entonces nos entregábamos al sueño aliviados una vez más. A menudo le preguntaba yo a mi padre: "¿Cuándo nos vamos a ir de este chiquero?".

"Algún día tendremos un lugar más adecuado para vivir… algún día." Mientras tanto, debido a la necesidad, nos amoldábamos lo mejor que podíamos a las condiciones de vida en la jungla de asfalto. En mi caso, el intento no estaba dando muy buenos resultados. A veces los hijos llorábamos juntos. Las condiciones reinantes nos afectaban a todos de diferentes maneras, pero nos sentíamos impotentes para remediar la situación en lo más mínimo.

Cuando llegamos al barrio, mis padres concurrían a la iglesia. En Puerto Rico asistíamos a la iglesia de los Discípulos de Cristo. Nos llevaban todos los domingos, y siempre que había algún servicio. Pero después de estar alrededor de un año en Nueva York, dejaron de concurrir. La razón no la conozco; quizá como consecuencia del trabajo de mi padre. Estaba demasiado ocupado tratando de sobrevivir como para tener tiempo para otras cosas. Al volver la vista hacia el pasado, pienso que tal vez si hubiésemos perseverado en la asistencia a la iglesia, las drogas jamás hubieran llegado a formar parte de mi propia vida.

Mi padre ganaba 45 dólares por semana. Como eso no era suficiente, mi madre salió a trabajar también. Papá salía a trabajar a las tres de la tarde, y mi madre no llegaba de vuelta hasta las seis. Los tres hijos quedábamos solos durante esas horas, las que yo pasaba en la calle mayormente. Esto me salió caro. La vida en las calles costaba un triunfo todos los días. Me veía sometido a prueba constantemente. Se formaban grupos y camarillas, y para integrarse a cualquiera de esas agrupaciones para poder contarse como uno de ellos, era menester demostrar lo que uno valía, atraer la atención, ganarse el respeto, granjearse amigos, poner de manifiesto las condiciones personales de cualquier modo. Si el físico lo favorecía a uno, o si podía fingir lo suficiente, era posible engañar a los demás. Pero yo no podía; era pequeño y raquítico. Hablar de arrogancia no me ayudaba; tenía que pelear. No parecía tener mayor importancia que ganara o perdiera (aunque al cuerpo sí le importaba). A los demás lo que importaba era que uno demostrara tener agallas; eso bastaba. La cuestión era no retroceder. Muchas veces volvía a casa luego de haber demostrado mi valor a costa de una nariz sangrante, o de un cuerpo amoratado y adolorido.

Cuando tenía doce años resolví ganar dinero haciéndome limpiabotas. A las pocas semanas, mientras me encontraba trabajando frente al edificio en que vivíamos, se me acercó un muchacho del barrio. Tenía unos quince años de edad. "¿Cómo te llamas?", me preguntó, con aire de superioridad. "Víctor", le contesté, mientras acomodaba mi equipo de lustrar. "¿Te consideras valiente?". "Cuando quiero", le respondí sin levantar la vista.

Antes que pudiera darme cuenta de lo que estaba ocurriendo, me tiró al suelo de un puntapié, se me echó, y comenzó a darme puñetazos en el cuerpo. "Vamos a ver si eres tan valiente, limpiabotas de porquería." Reaccioné rápidamente para defenderme. Era pequeño de cuerpo, pero ágil. Con la rapidez de un rayo lo puse de espaldas, y le di un puñetazo en la cara. Se levantó y saltó de la acera a la calle. Nos quedamos enfrentándonos y listos para entrar en acción, como animales salvajes. Vio un pedazo de caño, lo levantó, e intentó pegarme en la cabeza. Me protegí la cabeza con la mano, pero el caño me dio en el brazo en lugar de la cabeza. Con el golpe, el caño se le escapó de la mano, y cayó al suelo. "Tuviste suerte", me dijo, mientras se alejaba dejándome con un intenso dolor en el brazo.

"La próxima vez podría ser en la cabeza."

El incidente me produjo la fractura del brazo. Pero el peor era el dolor interno. Me levantaba atemorizado ante la idea de tener que afrontar un nuevo día. "¿Qué me va a pasar hoy?", me preguntaba. Caminaba por las calles con los ojos atentos y listos para defenderme. Constantemente miraba hacia atrás; los momentos de seguridad no existían. Tantas veces fui atacado que ya esperaba que el peligro surgiera de cualquier parte. Me sentía como un criminal buscado, cuyo crimen era vivir en esa manzana.

En cierta ocasión me encontraba lustrándole los zapatos negros a mi primer cliente de la mañana. Le pedí al hombre que se apoyara contra un Pontiac de color azul que estaba estacionado cerca. Estaba a punto de terminar la tarea cuando oí que alguien corría hacia nosotros gritando:

"¡Pedazo de inútil! ¿Qué haces? ¿Quién te dio permiso para usar mi auto como si fuera una silla? ¡Fuera de aquí!".

"Mire, don, no pensaba hacerle nada malo. No le estamos haciendo nada a su auto", le rogaba para que comprendiera.

Se enojó desmedidamente. Ya había visto yo algo parecido en otra ocasión. Antes que pudiera tomar el cajón de lustrar, me agarró del pelo. "Te voy a enseñar, intruso asqueroso. ¡Fuera de aquí! Este no es tu barrio de todos modos. Vuelve al basurero de donde viniste." Me dio un puntapié, luego me tomó de la camisa, y me empujó a la calle. Por un momento me quedé inmóvil en el suelo, pero mirando hacia arriba con temor y rencor.

"Oíste lo que dije", gritó, mientras se me acercaba de nuevo. Al mismo tiempo, yo le eché una maldición en español. Fue un error. El insultar a un norteamericano en español siempre producía el mismo efecto, porque no entendía la lengua y menos a los que hablaban, y tanto más nos odiaban por eso mismo. A los hispanos les gustaba ofender de este modo a los que los ofendían. Significaba que teníamos algo que ellos no tenían. Era una forma de mantener nuestra propia identidad.

El dueño del Pontiac se había puesto furioso. Me volvió a dar un puntapié y yo rodé por la calle, donde casi me atropelló un vehículo que pasaba.

Asustado, metí la mano en el bolsillo en busca de un cortaplumas. Desde la vez que me quebraron el brazo había resuelto llevar algo para defenderme. El cortaplumas me acompañaba a todas partes. Lo abrí rápidamente, y cuando se acercó para darme un puñetazo lo herí en un costado, debajo del brazo izquierdo. Le llevó unos segundos darse cuenta de lo que había pasado. Pero entonces gritó: "¡Me han apuñaleado! ¡Me han apuñaleado! ¡Llamen a la policía!".

Se hizo un gentío. Me alejé y me escondí silenciosamente detrás de un auto, del lado de la calle. Él se fue tambaleando hacia una confitería, teniéndose el costado. Tenía manchas de sangre en la camisa. Las cosas habían ocurrido tan rápidamente que no me había dado cuenta de lo que había hecho hasta que vi toda la sangre. Solo entonces comprendí que me encontraba en peligro. Sentí temor y pánico. Comencé a correr. La casa estaba a la vuelta de la esquina. Corrí a la máxima velocidad que podían desarrollar mis flacas piernas, y los pies de un muchacho de doce años. Subí corriendo las escaleras, olvidando que llevaba todavía en la mano el cortaplumas ensangrentado. Al darme cuenta de ello y al ver la sangre en la mano, tiré el cortaplumas debajo de la escalera que conducía al sótano. Luego, volví a correr apresuradamente hacia nuestro departamento, subiendo dos o tres escalones a la vez. Entré temblando al departamento y mamá estaba en la cocina. "Víctor, ¿qué pasó?". No podía dejar de ver el miedo que me había sobrecogido. "Acabo de apuñalar a un hombre que me quería matar. No podía hacer otra cosa; me tuve que defender." Le expliqué la gravedad del hecho, procurando hacerle creer que corría peligro de muerte si no me defendía. Necesitaba tener a mamá de mi parte.

"¿Te vio alguien cuando lo hacías?". "Sí, una cantidad de personas estaban mirando." "Entonces te estará buscando la policía. ¿Qué hago si vienen? ¡Si solo estuviera aquí tu padre!". "Tengo que esconderme, mamá", le contesté yo. "Bueno, escóndete debajo de la cama. Yo les diré que no sé dónde estás", dijo ella, empujándome hacia el dormitorio. "Pero no sé hablar inglés", agregó entonces. No sabía cómo haría para comunicarse con la policía.

Yo temblaba de miedo debajo de la cama, y sollozaba silenciosamente. Sabía que la policía no tardaría en llegar. Entre los que miraban había gente que sabía dónde yo vivía. No pasaron más de veinte minutos, aunque a mí me parecieron horas, cuando oí que golpeaban la puerta.

Cuando mi madre abrió la puerta, entraron rápidamente los policías. Mamá les dijo en español que no había nadie en la casa. La ignoraron, y comenzaron a buscar. Mi intención de ocultarme no tuvo mucho éxito, pues por debajo de la cama apareció uno de mis zapatos.

"Okey, chico, ven para acá", exclamó el oficial, a la vez que me sacaba arrastrando. "Dile a tu madre que nos siga a la comisaría." En el distrito policial setenta y tres, luego de mucha discusión y deliberaciones, me arrestaron, pero me dejaron volver a casa y me dijeron que se me notificaría cuándo debía presentarme al tribunal para conocer el veredicto. Pasaron varias semanas, pero al final me pusieron en libertad condicional por un período de tiempo indefinido. Tuve la suerte de que no me mandasen a un reformatorio.

Este fue un momento decisivo en mi vida de niño. A pesar de las advertencias, de los ruegos, de las amonestaciones y de los castigos de mis padres, mi vida se deslizaba hacia abajo. Progresivamente aumentaba el odio en mi mente y en mi corazón. La vida misma me estaba amargando. ¿Por qué tenían que pasarme estas cosas a mí? Como el cemento mojado y blando, mi corazón comenzó a solidificarse y endurecerse. Muy dentro de mí yo no quería que fuera así, pero me estaban ocurriendo demasiadas cosas feas como para no sentir lo que sentía. Quería agradar a mis padres honestamente, y quería, a medias, vivir decentemente. Tenía ambiciones y planes, pero ese muchacho de quince años que me golpeó la cabeza y me quebró el brazo, y los muchachos que me daban puntapiés y me decían cosas sucias por el solo hecho de ser diferente y de otro lugar, impedían que se cumplieran mis ambiciones. Los castillos se me venían abajo. Mi misión consistía en sobrevivir. Las calles llenas de maldad se estaban encargando de moldear mis actitudes y manera de comportarme; me estaba convirtiendo en un producto. ¡Estaba atrapado en la calle del mal!

2

LA FIESTA

¿La escuela? Allí tampoco había escapatoria. Al principio traté de aprender. Antes de que emigráramos de Puerto Rico mi padre había sido propietario de un negocio. Pensé seguir ese camino algún día. Quería tener éxito y ser "alguien" en la vida. Pero la escuela no era lugar para iniciarme en este camino. Se tornó más bien en un callejón sin salida.

Para un adolescente de catorce años de edad una escuela secundaria de Brooklyn era simplemente otro tipo de selva. Todos los días hacía nuevas amistades y nuevos amigos. Lo que comenzaba en la escuela: discusiones, amenazas, puñetazos e insultos, se completaba afuera. Para entrar a la escuela tenía que abrirme paso a fuerza de peleas, y con frecuencia también para salir. Si la lucha era impostergable, se llevaba a cabo en los pasillos, en el baño, y hasta en el aula.

En esa época no había policías de guardia en las escuelas, como los hay ahora, de manera que nosotros controlábamos la escuela por nuestra cuenta, prácticamente. Casi no recuerdo un día en que no ocurriera algo anormal en la escuela.

Cierto día, al salir de la escuela noté que se me acercaba un muchacho a quien denominaban "Big Ray". Me preparé; no nos conocíamos personalmente. Era uno de los tipos más grandes del barrio, y conocido por la forma en que pegaba. Con toda la razón le decían "Big Ray" (gran rayo). Se puso a la par mía, y dándome un golpecito en la pierna, me dijo: "¿Quieres ir a una fiesta?". "Desde luego, cuando quieras", le respondí, procurando demostrar entusiasmo, aun cuando me hacía sospechar el hecho de que "Big Ray" se me acercara para hacerme semejante invitación. Supongo que se dio cuenta de la cautela con la que yo demostraba mi entusiasmo, porque agregó: "Mira, chico, te he estado observando y creo que eres un buen tipo. Si quieres, puedes unirte a nuestro grupo en la fiesta. Vamos a ver si las chicas te aceptan. Si te aceptan, entras a formar parte. Algunos de los que van ya te conocen". Mientras seguíamos caminando me dio más detalles. A medida que me hablaba me iba sintiendo más grande. Me dio la dirección a donde debía concurrir esa misma noche, y yo le dije: "Allí me tendrás, chico. Te veré a las ocho". Cuando lo dejé para encaminarme hacia la entrada de nuestro edificio, "Big Ray" me dijo: "Te vas a divertir a lo grande, Víctor".

La espera me impacientaba. Era la primera "fiesta" (en realidad una especie de orgía) de este tipo a la que me habían invitado. Iba a ser mi "presentación"; mi ingreso en el mundo y a la condición de hombre grande. Así se consideraba en el guetto. El que fuera invitado a esas "fiestas" del barrio propio, por el tipo más grande y más popular, era como si a uno le dijeran "estás aceptado". "No lo eches a perder, Víctor", me dije mientras caminaba hacia la avenida Christopher, el lugar donde se hacía la "fiesta". Encontré el edificio que "Big Ray" me había descrito, viejo y arruinado. Había sido declarado inhabitable.

El grupo se había apropiado del sótano para hacer sus reuniones. Me cuidé de que no se me ensuciara la ropa contra las paredes, especialmente porque había dedicado más de una hora en arreglarme. Le había mentido a mi madre, diciéndole que iba a un baile de la escuela. Nunca me había visto ocuparme tanto de mi presentación personal. Bajé cuidadosamente el oscuro pasillo que conducía a la puerta en la parte posterior del sótano.

Llegué hasta la puerta, que decía "Los Señores Romanos" en grandes letras escritas a mano en el dintel. Adentro se oía música. Al golpear la puerta se me hizo un nudo en la garganta. Vi a varios amigos adentro. "Hola, Eddie, ¿cómo te va?". Era un alivio ver caras conocidas, pero igual me sentía mal. Me senté y comencé a observar; había poca luz. Había alrededor de veinte muchachos y chicas amontonados en un cuarto bastante pequeño. En un rincón, un tocadiscos barato tocaba música suave. Algunos bailaban, apretados, en el centro del lugar. Otros estaban sentados en grupos compactos tomando cerveza o vino.

"Toma un trago", me dijo una voz cuyo rostro no podía identificar en las sombras. "Gracias", le dije, a la vez que tomaba un sorbo pequeño. Devolví la botella y en seguida percibí una ráfaga de un olor extraño. Traté de identificar el olor, pero procurando no dar la impresión de no saber lo que estaba ocurriendo. "Parece orégano", pensé. "Debe ser para perfumar el ambiente." Alcancé a oír que varios de los muchachos hacían ruidos raros con la boca. Estaban fumando cigarrillos. En poco tiempo, el lugar se llenó de humo y de ese olor extraño, pero agradable. Sentí una extraña impresión en la boca del estómago. Presentía que estaba pasando algo. Algo que yo no conocía, pero sabía, también, que esa misma noche iba a descubrir de qué se trataba.

Sentía una mezcla de emoción y temor. Tuve la sensación de que se trataba de algo peligroso, extraño y exótico, y me intrigaba al punto de no poder esperar. Pasaron quince minutos sin que la acción girara hacia mi lado. Procuraba aparecer como conocedor, pero me estaba resultando difícil. Al fin se acercó "Little Joe" (Pepito), y me dijo: "¿Qué haces aquí?". "Me invitó 'Big Ray'", le contesté con orgullo. Él movió la cabeza con ademán de aprobación. "¿Quieres probar algo que te producirá una gran emoción? Vamos, yo te voy a enseñar." "¿Qué es lo que tienes?", le pregunté, procurando no mostrar preocupación. "Marihuana, chico. ¿A que no has probado marihuana como esta?". "Little Joe" sacó un cigarrillo de unos 4 centímetros de largo. Se veía que era armado a mano. Lo encendió, y me mostró cómo hacer para que el humo permaneciera en los pulmones el mayor tiempo posible. Así es como produce más efecto; me explicó. Seguí cuidadosamente sus instrucciones. Aspiré profundamente. No pasó nada. Volví a aspirar, procurando mantener el humo todo lo posible. Poco a poco comencé a sentir el efecto de la droga. Sentía liviana mi cabeza. Me sentía mareado, me senté en un rincón, y seguí fumando. Sentía tan liviana la cabeza, que me parecía que no la tenía.

Más tarde tuve ganas de bailar. Bailé con una chica tras otra. A medida que avanzaba la noche, seguí bailando y bailando, y hablando cada vez más. Era evidente que la marihuana había actuado eficazmente, tal como me lo había anticipado "Little Joe". No me había desilusionado. Me hizo sentir diferente a mí mismo. Podía hablar con las chicas. Me sentía libre y suelto. Me sentía como siempre había deseado sentirme: en compañía, cómodo, libre de inhibiciones, tranquilo, en ambiente, libre de todo sentido de inferioridad. Más aún, me parecía que yo era el mejor bailarín de todos los presentes, y la persona más feliz del mundo.

Por espacio de cuatro horas, me sentí transportado a otro mundo. A pesar de estar en el sótano sucio y oscuro de una casa de departamentos abandonada y arruinada, en uno de los peores barrios de la ciudad de Nueva York, todo parecía hermoso por lo menos en mi mente. Me sentía transportado mentalmente. Por el espacio de tiempo que duraron esas cuatro horas maravillosas, ese otro mundo de realidad se encontraba en algún lugar distante. Era como si estuviera en medio de una gran burbuja que me aislaba de la miseria, el odio, de todo lo tenebroso y vergonzoso que tenían la calle Powell y mi barrio.

3

LOS SEÑORES ROMANOS

Pocos días después de haber concurrido a la "fiesta", le pregunté a uno de los muchachos dónde podía conseguir un poco de marihuana. "Por medio de 'Big Ray'", me contestó. "Él es el jardinero."

La salida les hizo gracia a los demás. "Produce una marihuana muy buena ese Ray", agregó otro de los que concurrían a las fiestas. Le hacían mucha propaganda a la mercancía.

Cuando lo encontré, "Big Ray" se mostró muy dispuesto a proporcionarme algunos cigarrillos del codiciado producto. "A solo cincuenta centavos para mis amigos", me dijo. Después que le compré dos cigarrillos, me preguntó: "Víctor, ¿no te gustaría unirte a nuestro grupo?".

"Big Ray" cumplía una función doble en la manzana. Era el simpático y amable vendedor de narcóticos del barrio, y miembro muy activo de la pandilla callejera de la zona, denominada "Los

Señores Romanos". Lo que yo no sabía era que me había invitado a la "fiesta" para que los demás del grupo pudieran observarme, y decidir si me podían considerar buen candidato para integrarme a dicho grupo. Evidentemente debí haberme comportado adecuadamente, o a "Big Ray" le interesaba contar con un nuevo cliente. De todos modos, me invitó oficialmente a ingresar.

Pero ingresar en una pandilla callejera no es lo mismo que ingresar en un club social o en una organización política. El que a uno se le invite no significa que ha sido aceptado. Hay que salir airoso en la ceremonia de iniciación. Le respondí a "Big Ray": "Estoy dispuesto a someterme a prueba cuando ustedes quieran". Se lo dije haciéndome el fuerte, pero en realidad ni siquiera sabía en qué consistía la prueba.

Se me informó que debía presentarme esa misma noche en un parque que se llamaba Betsy Head, a unas cinco cuadras de mi casa.

A eso de las nueve de la noche me encaminé hacia el parque. Sentía un hormigueo en el estómago. "¿En qué me estaría metiendo?", pensé. En un sentido deseaba que no estuviera a punto de entrar en una pandilla, pero en otro sentido me sentía muy emocionado ante la perspectiva. Cuando me invitaron a la fiesta me pareció que se trataba de un gran momento en mi vida, y el que ahora se me invitara a demostrar mi capacidad para ingresar en una pandilla daba cima a mis aspiraciones. Por fin me comenzaban a apreciar. Iba a ser uno de ellos. Resultaba agradable sentirse buscado.

Desde el momento en que llegué a Brownsville y comencé a salir con los muchachos más grandes, tuve deseos de llegar a integrarme realmente a ellos. Vivía anhelando que llegara el momento.

Aunque no hubiera querido ingresar en la pandilla, no tenía realmente otra alternativa. Necesitaba la protección que ella me ofrecía. No podía darme el lujo de seguir solo, por mi cuenta, afrontando los peligros de la vida en la calle. Los Señores Romanos

me ofrecían seguridad, y al mismo tiempo identidad como individuo. El acto de entrar en ese parque Betsy Head era como entrar en
las oficinas de una compañía de seguros. "Estarás en buenas manos
con los Señores Romanos", me decían sus agentes.

Al llegar al parque dejé de hacerme ilusiones, pues me di
cuenta de que aún no pertenecía a la pandilla. Cuando me topé con
ellos me acometió una sensación de temor. "¡Aquí viene la próxima
víctima!", gritó alguien como para empeorar las cosas.

"En seguida sabremos si este vale de algo", oí que alguien
agregó, pero no le pude ver la cara por la oscuridad. "¡Derrámenle
los sesos a estos novatos!", gritaban otros. "¡Desfigúrenle la cara,
despedácenlos!".

Juntos, con unos cuantos más que debían ser sometidos a
prueba, me condujeron al centro de la rueda. Me sentía tentado
a escapar. Pero hubiera sido imposible ya. "Bueno, silencio", dijo
el presidente. Se había subido a un banco del parque. Se llamaba
Beebop. Medía alrededor de un metro sesenta y ocho, era más bien
delgado, pero fuerte. Tenía que serlo para ser presidente.

Me dijeron que tenía "tripas", es decir, que no le tenía miedo
a la sangre. Jamás retrocedía. Muchos de los miembros se volvían
atrás. Tenía condiciones naturales de líder y hablaba con la autoridad de un líder. Los demás lo respetaban.

Primero, Beebop dio instrucciones sobre una próxima pelea
callejera. Me impresionó lo bien organizados que estaban.

La estructura organizativa de una pandilla y de las fuerzas
de apoyo incluían un presidente, un vice- presidente, sargento de
armas, un oficial de orden, un consejero de guerra, miembros com-
batientes, miembros inactivos, los falsos, los rectos, los auxiliares,
y las "muñecas" o prostitutas.

Los rectos eran los chicos buenos que iban a la escuela, cuyos
padres los mantenían en la casa la mayor parte del tiempo. No se
metían en líos. Este grupo incluía también los que iban a la iglesia.

Los falsos los constituían algunos miembros activos, pero en su mayoría eran miembros inactivos que se hacían pasar por miembros de la pandilla, pero que en realidad nunca tomaban parte de las acciones. Cuando había peleas, iban con los demás, pero luego se escondían debajo de los vehículos, en los pasillos o sótanos de las casas. Después de las peleas volvían diciendo: "¡Qué paliza les dimos!, ¿No?". Algunos se ensuciaban con barro, se rompían la ropa, y hasta trataban de mancharse con sangre para que pareciera más real. Cuando descubríamos a algunos de estos falsos, los hacíamos pulpa.

Cuando Beebop terminó de dar las instrucciones dijo en voz alta: "Muy bien, ahora, todos los que van a ser probados, pasen adelante". Éramos tres.

"Esto es lo que tienen que hacer: pasar a las banquetas y nosotros les tiramos puñetazos al estómago, o bien pelean con uno de los miembros regulares de la pandilla que yo elija". "Como para elegir", pensé para mis adentros.

Resolví pelear. La cuestión no era necesariamente ganar o perder, sino que los que peleaban se diesen una buena paliza mutuamente sin misericordia alguna. Uno tenía que ser capaz de aguantar una buena paliza. Los demás observaban atentamente para descubrir si a uno se le veía pánico, o retrocedía, o vacilaba. Me estaban probando para ver si tenía esa cualidad tan importante en las pandillas callejeras: coraje. Más que una pelea, se trataba de una "prueba de coraje".

Beebop eligió mi contrincante. Era uno de los miembros bravos de los Señores Romanos, pero eso lo iba a descubrir después. Fue una suerte que no lo supiera entonces, o hubiera peleado con una desventaja psicológica.

La pelea terminó en empate. Al principio peleábamos a puñetazos, y ambos nos dimos unos cuantos golpes en el cuerpo y un par de puñetazos sólidos en la cara. Luego arremetimos desesperadamente, y terminamos luchando en el suelo. Seguimos luchando en el suelo; seguimos luchando y dándonos puñetazos hasta casi quedar exhaustos, pero ninguno de los dos abandonaba la contienda. Finalmente, Beebop nos interrumpió diciendo: "Bueno, bueno, basta. Muy bien, Víctor. Estás adentro. Te has hecho ver".

Nos dimos la mano. Varios de los otros me dieron la mano también. Me quedé con los demás observando el desarrollo de la prueba del que me seguía. Fueron momentos emocionantes los que pasé allí junto a los demás de la pandilla, sabiendo que ya era uno de ellos. Sin embargo, interiormente los dolores que sentía en el cuerpo y en la cabeza me empañaban algo la emoción.

No hubo tiempo para disfrutar ampliamente del ingreso en la pandilla. Cuando terminaron las pruebas, Beebop nos juntó alrededor suyo.

"Algunos ya saben que vamos a atacar a los de la pandilla Libertad. Ellos andan diciendo que nos van a atacar en grande. Los vamos a tomar por sorpresa antes de que tengan tiempo. No me gusta lo que le hicieron a Nina el otro día. Ese matón Archie la trató con todo descaro."

Beebop continuó enumerando otros rumores sobre lo que hacían y decían los miembros de esa pandilla. Después me enteré de que "las razones por las cuales tenemos que romperles la cabeza" eran parcialmente verdaderas, pero en su mayoría inventadas. Parte de la función del líder de la pandilla era la de preparar psicológicamente a los miembros. Tuvimos muchas de esas sesiones de preparación mientras estuve vinculado a las actividades de la pandilla. Esos discursos del presidente eran lo único que necesitaban algunos de los miembros de la pandilla para llenarse de odio y rencor, y estar en condiciones emocionales adecuadas para una pelea. Otros necesitaban vino, whisky, cerveza, o marihuana para que les provocara la reacción necesaria, y les diera coraje. Para algunos se trataba de un coraje que no poseían naturalmente.

Al día siguiente, nos encontrábamos en un lugar fijado de antemano. Nuevamente, Beebop se tomó el tiempo necesario para prepararnos emocionalmente. Comenzó donde había dejado la noche anterior, diciendo que andaban buscando a nuestras chicas. Alguien lo interrumpió:

"Eh, Beebop, ¿sabes lo que dijo uno de los de la Libertad a mi madre? No quiero repetirlo. Lo voy a quemar si le llego a poner las manos encima". "Dale un tiro; rómpele la cabeza."

Era hora de empezar. El presidente se daba cuenta ya de que habíamos llegado al punto máximo de la emoción y el odio. Nos dio las instrucciones de último momento. Se trataba de un ataque por sorpresa al lugar de reunión de la pandilla, en la esquina de las avenidas Libertad y Pennsylvania.

"Quiero que partan de aquí caminando en grupos de seis, tres adelante y tres detrás, a unos sesenta centímetros de distancia. Ni una palabra entre ustedes. Tenemos que hacerlo con absoluta tranquilidad, como si no estuviera por pasar nada. Como si fuéramos a jugar billar o algo por el estilo. Y tenemos que desparramarnos para que no parezcamos como un ejército que marcha a la guerra, aunque eso es justamente lo que estamos por hacer. Y mejor que obedezcan al capitán de cada grupo cuando les dé la señal de atacar. ¿Me oyen?". Asentimos, aceptando su autoridad y efectos deseados.

Nos encaminamos hacia el punto indicado, cada cual con su chaquetilla de confección. En grandes letras rojas se destacaba nítidamente sobre las chaquetillas el título "Los Señores Romanos".

Estábamos todos armados. La noche anterior había habido un momento de tensión cuando discutíamos el tipo de arma a emplear. "¿Qué armas?", preguntó uno.

"Caños, garrotes, manoplas, antenas y cuchillos." Beebop mencionó toda la lista de armas habituales. "¿Y pistolas, ¿no?". "Claro, hombre, les damos con todo." Beebop titubeó. Nos quedamos esperando su respuesta. Las pistolas constituían el verdadero símbolo de nuestra pandilla. Algunos pensaban que no se era hombre y que uno no tenía verdadero coraje si le tenía miedo al uso de las pistolas. Es decir, nuestra versión casera de pistola.

Algunos no usaban más que cuchillos. Eran los que querían ver sangre. Para algunos no había emoción si no había cuchilladas o puñaladas. He visto a algunos muchachos volverse locos de alegría si lograban hacer sangrar a algún miembro de la pandilla rival.

"Bueno", dijo Beebop rompiendo el silencio, si alguien quiere usar pistola, adelante. Pero asegúrense de que las pistolas tiren hacia adelante. Queda ridículo si alguien queda tirado en el suelo por su propia bala.

No podía rechazar el uso de pistola porque parecería como debilidad de su parte. No podía dar la menor señal de debilidad o temor. Beebop mismo prefería el cuchillo.

Observé las armas que habían elegido los integrantes de mi grupo. Sammy tenía un caño; Billy, manoplas o nudillos de bronce; Willie tenía algo que yo no había visto antes: era una cadena de un metro de largo más o menos. En un extremo tenía anzuelos de pesca. Cada anzuelo tenía atada una pesa de plomo.

"¿A dónde vas, Willie, a pescar?", le pregunté con una risita nerviosa. "Sí, eso es justamente lo que pienso hacer: pescar. Pesco carne, chico, carne humana. Me voy a conseguir un buen pedazo de carne de algunos de los muchachos de la pandilla Libertad."

Seguimos caminando hacia la zona de combate, a unas diez cuadras: el lugar estaba al borde de la zona de la pandilla Libertad. Dos cuadras antes de llegar, comenzamos a andar en forma más lenta y deliberada; con cautela. Sentía raro el estómago. Los músculos se me pusieron tensos. Siendo mi primera pelea, tenía que considerar muchas cosas. Me tenía que proteger de cualquier daño; principalmente tenía que demostrarle a los demás y a mí mismo que tenía coraje y que podía pegarle a uno de los otros. Tenía dudas si me atrevería a atacar a alguien hasta el punto de hacerlo sangrar si fuera necesario.

A una cuadra de distancia vimos el lugar. Era una combinación de club social y sala de billar.

No solo teníamos que asegurarnos de que no nos vieran los muchachos de la otra pandilla; también teníamos que cuidarnos de los policías. Era época de verano y andaban por todo el barrio. A veces presentían que se tramaba algo y podían evitar la pelea. Su misión consistía en prevenirla, arrestando a algunos miembros de la pandilla, o en llenar la zona de vehículos policiales. Las peleas pandilleras podían convertirse en grandes disturbios que comprendían a todo el barrio. A veces intervenían también algunos de los que habían dejado de pertenecer por su edad, y hasta algunos adultos. Nosotros queríamos provocar una pelea pandillera, y no un disturbio general.

Mi grupo se ubicó en la entrada de una casa de departamentos, y allí esperamos. Desde allí podíamos ver a algunos de los integrantes de la pandilla Libertad, holgazaneando despreocupadamente dentro o fuera del salón. Esperamos pacientemente que Beebop nos diera la señal de atacar, como animales listos a abalanzarse sobre la víctima.

De pronto se oyó la señal en el aire. "¡A quemarlos!" De todas direcciones aparecieron integrantes de los Señores Romanos, quienes llenamos la calle. Nuestros gritos resonaban en el aire. "¡Mueran los de la Libertad!".

Nos íbamos acercando a la esquina. Oí tiros. Los tomamos completamente por sorpresa. Prácticamente estaban desprovistos de armas de defensa, a excepción de los que llevaban cortaplumas. Para las pandillas el secreto de la victoria está en la sorpresa. Se encontraban atrapados.

Yo estaba provisto de un cinturón militar. Al acercarme al teatro de la acción, vi que uno de nuestros rivales estaba a punto de hundirle un cuchillo a Billy. Le pegué en la espalda, lo obligué a darse vuelta y de una patada le saqué el cuchillo de la mano. Revolví el cinturón para darle un golpe y entonces, retrocedió.

Se me acercó otro. Volví a revolver el cinturón, pero este se me metió por debajo. Tuve que usar el puño para defenderme, y le di un puñetazo en la boca. La fuerza del puñetazo fue tremenda porque él venía corriendo hacia mí. La sangre le chorreaba del labio, y le rompí un diente. Esto último me hizo sangrar la mano.

Me alejé. Había muchos heridos. En el calor de la batalla es donde se demuestra quién tiene valor. Algunos no aguantaban. Se oían gritos de "¡Ay...Dios mío...estoy herido!" Más lástima daban los que gritaban: "Mamá, mamá". Es fácil tener valentía cuando uno anda con la chaquetilla, preparando una pelea, o simplemente haraganeando en la esquina. Es distinto cuando uno se encuentra en el medio de la batalla.

Pero la mayoría reíamos y dominábamos la situación. Dábamos rienda suelta al odio, y aullábamos y gritábamos de emoción. Algunos de nuestros rivales cometieron el error de meterse dentro del edificio, y nosotros los perseguimos.

"Arrástrenlos hacia afuera", gritó Beebop. Entre tres agarramos a uno y lo arrastramos afuera. Trató de escapar, pero Sammy lo impidió. Lo golpeamos con los pies. Le dimos patadas en la cara, en la espalda, en las costillas. Gemía de dolor.

Estábamos como locos. Yo parecía un perro rabioso. Era como si estuviéramos bajo los efectos de alguna droga extraña; nos dominaba un espíritu de violencia. Estábamos en un punto en que perdimos la cabeza, y hacíamos sencillamente lo que nos dictaba la emoción incontrolada. Oí ruido de vidrios rotos. Miré hacia arriba y vi salir por la ventana rota a uno de los muchachos de la pandilla Libertad. Para colmo de la deshonra, Willie, el de los anzuelos, y Sundown, corrieron y le arrancaron la ropa dejándolo tirado desnudo en medio de la calle. La batalla comenzó y terminó repentinamente.

"¡La policía! ¡Viene la policía, a escondernos!", gritó alguien. Así comenzó la gran corrida por las calles. Algunos por los fondos de las casas para evitar ser vistos por los policías, otros metiéndose en los pasillos de los sótanos, nos alejábamos a toda prisa. Hasta para separarnos después de una pelea teníamos una estrategia. Si nos quedábamos juntos, la policía podía cercarnos. Si nos separábamos, les resultaba imposible encontrarnos. Nos quedábamos quietos por espacio de una media hora, y luego nos íbamos cada cual, a su casa, a algún escondite o a la casa de alguna chica amiga. Incluso sé de uno que iba a la iglesia. Nos quedábamos escondidos por dos o tres horas, y luego nos reuníamos para celebrar la victoria, con cerveza, whisky o marihuana. Los que estaban heridos o golpeados tomaban más para neutralizar el dolor.

No podíamos saber la magnitud del desastre ocasionado por la pelea hasta el día siguiente, cuando los diarios se encargaban de relatar parte de la historia. Aunque no apareciera en los diarios (la pelea que aparecía tenía más mérito), los rumores circulaban como fuego. Siempre le agregábamos algo al relato, pero esta vez le hicimos suficiente daño real a los de la Libertad, como para que tuviéramos que agregarle acción.

Al día siguiente nos sentíamos muy bien y grandes. Habíamos demostrado que éramos hombres. Lo que nos faltaba en carácter o en inteligencia, por lo menos sentíamos que lo remediábamos a fuerza de coraje y golpes. Tal vez no fuéramos nadie en casa, en la escuela, o a los ojos de la mayor parte de los vecinos. En cambio, sí éramos alguien para los compañeros de la pandilla Libertad.

Lo de ser alguien no duraba mucho. Descubrí que era una sensación muy pasajera. Generalmente duraba hasta que la pandilla rival se vengaba, y procuraba reconquistar su propia identidad y reputación. Pero por el momento nos considerábamos "reyes y señores". A cada miembro de la pandilla le correspondía algo de ese señorío. Durante los primeros días nos jactábamos de lo que habíamos hecho, andábamos con la cabeza bien en alto, haciendo alarde de la victoria obtenida. Yo me sentía transportado.

Nuestra victoria tuvo también su efecto sobre las demás pandillas vecinas. En toda la zona de Brooklyn peleamos contra "Los Franceses", "Los de la Avenida Chester", "Los Mau Mau de Fort Green", "Los Flat- tops", "Los Virreyes", y "Los Hell Burner" (Quemadores del Infierno). Cuando se enteraban de la limpieza que hicimos a los de la pandilla Libertad, el efecto que esto hacía en el ánimo de nuestros enemigos nos favorecía cuando íbamos a pelear contra ellos. Lo pensaban dos veces antes de atreverse a tomar la iniciativa contra nosotros. Hasta supimos que la policía había resuelto reforzar las guardias policiales en nuestra zona. Todo esto nos llenaba de orgullo. Les estábamos haciendo honor a nuestros antiguos tocayos "Los Señores Romanos".

Fuera de las peleas, nuestros vínculos con los policías eran muy distintos. Nuestro policía favorito le pusimos por sobrenombre "Ratoncito". Cuando llegaba al vecindario con otro policía, especialmente si se trataba de un policía nuevo, se hacía el malo con nosotros, y les daba mal trato a unos cuantos. Nosotros sabíamos que se estaba dando aires ante ellos porque cuando estaba solo nos tenía miedo. Por eso le pusimos ese apodo.

Una vez cuando nos encontrábamos en el parque se nos acercó Ratoncito. Algunas veces era simplemente para conversaciones informales. "Eh, miren quien viene", dijo uno de los muchachos, señalando a nuestro amigo de uniforme azul. "¡Ratoncito!", exclamó uno.

Odiaba el nombre que le habíamos puesto. Al oírlo se sonrojó. Se puso tenso. "Hola, Ratoncito", dijo otro. El policía se enojó y fue directamente hacia nosotros. "¡Me los voy a llevar a todos, matoncitos, oyen?". "¡Ah, claro! ¿Con ayuda de quién?", le preguntaron. Como un solo hombre nos pusimos de pie, y dimos un paso hacia adelante. El policía se detuvo. Súbitamente, como si hubiera estado preparado, Beebop se abalanzó sobre él, tomándolo del cuello mientras los demás lo tiramos al suelo.

"Llévenlo al baño", sugirió alguien. Se refería a los baños instalados en el parque. Lo llevamos al baño de los hombres, y allí le sacamos la pistola y la insignia. "¡Desnúdenlo!". "Lo desnudamos", dijo otro.

No aguantábamos las ganas de hacer alguna travesura. La emoción era grande. En pocos instantes lo desnudamos completamente. "¡Miren eso! ¡Qué elegante queda!".

Nos reímos a carcajadas ante este triunfo. Silbábamos, y le hacíamos burlas. Nos fuimos del parque, dejando a Ratoncito sin pistola, sin ropa, y sin posibilidad de moverse, salvo que se atreviese a andar desnudo por la calle. Decidimos hablar a la policía, y decirles que un policía desnudo andaba suelto en el parque.

La diversión nos duró varios días. Pero sabíamos también que para Ratoncito y toda la policía local estábamos en la lista de "Se busca". De algún modo tratarían de que a los Señores Romanos les pesara la aventura.

4

REVUÉLCATE EN EL LODO

A fuerza de empeño fui escalando posiciones dentro de la pandilla. De ser un pequeño y flaco recién llegado a la calle Powell, procedente de Puerto Rico, llegué a ocupar un lugar destacado entre los fumadores de marihuana en las "fiestas" del barrio. Finalmente llegó el momento del gran salto al ingresar en la pandilla. Allí se me respetaba. Me sentía querido, y que me necesitaban. Con el "jitterbug", un baile de tipo espectacular, había adquirido fama de bailarín. Además, los otros miembros consideraban que tenía cabeza. Con frecuencia me consultaban cuando se planteaban preguntas o dilemas. Cuando aportaba mi granito de arena, aunque no me consultaran, me escuchaban.

Los músculos y el cerebro me trajeron como recompensa el que llegara a ocupar el cargo de oficial de orden en la pandilla. Era el encargado de los armamentos. Yo los fabricaba, los ocultaba, y a menudo elegía el tipo de armas que habríamos de usar. Este cargo significaba que ocupaba el tercer lugar en cuanto a importancia en la organización.

Aunque parezca paradójico, la preparación para ocupar este cargo la obtuve como miembro del Club Juvenil de Varones en el mismo Brooklyn. Allí fue donde aprendí a trabajar la madera, y a utilizar herramientas y máquinas para cortar y moldear la madera. Al ingresar en la pandilla todo lo que tuve que hacer fue aplicar estas habilidades a la preparación de pistolas caseras. Me hice el propósito de concurrir a todas las reuniones del club para tener la oportunidad de preparar otra pistola. Luego la sacaba a escondidas para darle los toques finales en el escondite de la pandilla.

Cuando no me encontraba fabricando pistolas, concurriendo de vez en cuando en la escuela, o fumando marihuana, me dedicaba a jugar billar en nuestra guarida favorita.

Cierto día, después de jugar un poco, me encontraba afuera charlando cuando se acercó en bicicleta un chico del barrio.

"¡Eh! préstame la bicicleta y te mostraré algunas pruebas", le dije, sin detenerme a esperar que me la prestara. Se la saqué y comencé a andar por la calle. Iba y venía, zigzagueando, soltando las manos, haciendo cuadros en ocho. Luego para demostrar mayor destreza, comencé a andar hacia atrás.

"¡Miren!, podría trabajar en un circo si quisiera", dije para llamar la atención de los demás. "¡Cuidado, Víctor!", gritó alguien, mientras yo iba y venía aumentando la velocidad. "¡Un auto, Víctor! ¡Cuidado con el auto!". Tan entretenido estaba con mis hazañas que no alcancé a oír.

Un enorme Cadillac dio vuelta en la esquina. Zigzagueando por la calle inadvertidamente choqué contra el guardabarros del vehículo. Caí al suelo por el golpe, y rodé por la calle.

El conductor del vehículo frenó y bajó bruscamente a verme. También se acercaron otros. "¿Estás bien, Víctor? ¿Tienes algo?", preguntaron. Estaba aturdido, pero no me había pasado nada. Más que el cuerpo, tenía herido el amor propio. Me estaba levantando y sacudiéndome el polvo, cuando sorpresivamente apareció un hombre que corría hacia mí, me tomó y con un movimiento rápido me empujó hacia el suelo nuevamente. Al mismo tiempo me dijo al oído:

"Oye, chico, yo vi lo que pasó. Quédate donde estás. No te muevas en absoluto. Tienes que fingir que estás golpeado. No te levantes, no seas tonto. Te acaba de golpear un automóvil, y eso es cosa seria".

Me quedé estupefacto por un momento. Levanté la vista de la posición en que me encontraba, y reconocí al judío de la tintorería de la esquina.

Entendí el mensaje. Como una computadora, los mecanismos cerebrales comenzaron a trabajar. Me di cuenta de lo que me querían decir. "¡Dios mío! ¡Qué dolor! Estoy golpeado. Me han golpeado. ¡Auxilio! ¡Ayúdenme, por favor! ¡Me muero!" Parecía genuino. Lo más difícil era evitar la risa. Los demás comprendieron también la situación. Willie gritó al conductor: "¿Por qué no se fijó por dónde iba? Parecía un loco en el volante", agregó otro. En seguida, todos tomaron parte en la escena. "Debe estar borracho también." Iba como a ochenta por hora.

"Te estaba tratando de atropellar, Víctor, yo lo vi." Todos los que habían estado en la esquina conmigo entraron en el juego, y participaron a la perfección en la representación teatral. "No iba a más de veinticinco por hora. Disminuí a propósito porque me di cuenta que el muchacho había perdido el control de la bicicleta. Me atropelló él. ¿Qué podía hacerle yo?".

El pobre conductor trató de defenderse de los cargos inventados por nosotros. No sabía qué hacer. Supongo que no podía creer lo que estaba ocurriendo. Después se enojó y exclamó: "¡Esto es una confabulación!"

Big Ray entonces se abrió paso entre los demás, y se dirigió al conductor: "Oiga, mejor es que no hable más, antes que transformemos esto en un tribunal aquí y ahora. Tenemos un jurado que puede escuchar la causa aquí mismo." Dirigiéndose a la multitud, preguntó: "¿No es así?". "Claro". Pasaremos sentencia en el acto. Podemos decidir el castigo inmediatamente, y proceder sin demora.

Luego llegaron los policías, el judío me sentó en una silla y me llevó a su tintorería. Mientras los demás insultaban al conductor, el tintorero fue a llamar a la policía, una ambulancia y un abogado.

Antes de que los policías tuvieran tiempo de interrogarme, él se acercó y me susurró: "Hay que seguir el juego, muchacho; tengo un plan. Te vas a llenar de billetes si haces lo que te digo".

"La espalda, oficial. Es la espalda. Está quebrada, me parece", dije entre quejidos cuando me preguntaron cómo me encontraba. Todo el tiempo, mientras me quejaba de tener quebrada la espalda, me encontraba sentado en una silla. En medio de la confusión a nadie se le ocurrió que en la comedia se había deslizado este error.

En el hospital tuve que continuar la representación. Hubo que llenar formularios relacionados con el accidente y con los supuestos perjuicios físicos. Mientras el oficinista llenaba los papeles, yo emitía gemidos cada tanto minuto. Finalmente, el oficinista me dijo: "Puedes quedarte tranquilo ya. Puedes interrumpir la comedia". "¿Escribió todo? No voy a firmar nada si no queda claro que me ha arruinado", insistí. "Está todo en orden", me aseguró.

Dejé de actuar con la misma rapidez con que había empezado. Cuando todavía me encontraba en la sala de urgencias, vino a verme un abogado. Él también escribió todos los detalles del "accidente".

Hice un arreglo privado con la compañía de seguros del conductor del vehículo, y salí ganando 2.000.00 dólares. El judío, naturalmente, tuvo su parte, como también el abogado y quien sabe cuántos otros, tal vez el oficinista del hospital. A mí no me importaba. Yo saqué mi parte.

Después de terminar con todo, los muchachos me decían en broma que yo debía haber ganado un Oscar con mi actuación.

Por mi parte, había aprendido la primera lección sobre la forma de estafar. Mi recompensa fue un automóvil. Resolví invertir el dinero en un auto. Tenía quince años de edad, pero con la colaboración de un amigo de la pandilla de los Señores Romanos apodado "Tony Baby Face" (Tony Cara de Bebé), pude conseguir uno. Tenía registro y placas falsos. El problema principal era que no podía obtener licencia de conducir. Sabía conducir, y si algún policía me detenía, bastaba un billete de diez dólares para que no me arrestara. Tenía que recordar que no debía ir a ninguna parte sin un billete de diez dólares en el bolsillo. Debí entregar alrededor de 300 dólares de este modo antes de cumplir los dieciséis años, cuando pude obtener la licencia legalmente. Eran muchos los policías que conocían mi auto y que automáticamente me detenían con el fin de cobrar su pequeño sueldo extra. No solamente entre los policías era popular. Me hice popular con las chicas instantáneamente.

El automóvil tenía otra ventaja. Nos transportaba, a mí, a los muchachos y chicas que siempre venían conmigo cuando andaba en el vehículo, a un mundo nuevo para nosotros. Nos daba la oportunidad de salir de los barrios bajos e incursionar en los más atractivos. Sobre ruedas tenía el privilegio de ir a lugares y ver cosas que otras pandillas y otros chicos de los guettos jamás tenían ocasión de conocer durante la adolescencia. Para nosotros, el salir del barrio era como hacer un viaje a Florida o California. De este modo lográbamos salir de la cueva en que vivíamos. El automóvil nos ofrecía la libertad de movimiento que no tenían ni mis padres ni muchos otros adultos en el guetto.

La función más importante que cumplía el auto, con todo, era la de proporcionarme medios de diversión y emoción independientemente de la pandilla. Para algunos de los miembros, la pandilla lo era todo. No tenían otra cosa. El presidente hacía las veces de padre para ellos; el vicepresidente era como la madre; los demás eran una especie de hermanos; y las chicas eran las hermanas o las novias verdaderas. Dormían en sus propias casas (aunque no siempre). Pero aparte de eso, el "hogar" lo constituía la esquina, la confitería, la sala de billar, o el escondite de la pandilla. No eran muchos los que escapaban a este molde. Se trataba de una rutina diaria, a veces alegre y otras veces miserable, de sensaciones, de charla barata, vino barato, marihuana barata, experiencias sexuales baratas.

Yo tuve suerte; el automóvil fue como un pasaporte hacia el mundo exterior. Era como una casa sobre ruedas, llena de amigos de la pandilla, llena de chicas y de cosas robadas.

No tenía el propósito de hacerme ladrón. Me ocurrió como algo natural; como ocurren muchas otras cosas en ese ambiente. Al salir de Brownsville y recorrer otros sectores más privilegiados de la ciudad, tuve la oportunidad de ver cómo se desarrollaba la vida de los que tenían más. Lo que veía me gustaba. Yo también quería eso. Un amigo me sugirió que hiciéramos algunos atracos. Parecía tan fácil. "Levantábamos" algo, lo metíamos en el baúl del auto, y regresábamos a Brownsville. Nadie se daba cuenta. Era más fácil todavía de lo que yo suponía.

La primera experiencia en esta clase fue todo un éxito. Íbamos una noche por un barrio italiano de Brooklyn, cuando Freddie vio un edificio de departamentos bastante lujosos, y nos dijo: "Dejemos el auto aquí, y exploremos el subsuelo de esta casa. Utilizan el subsuelo para guardar cosas. Seguro que vamos a encontrar cosas que nos sirvan".

Detuvimos el automóvil y caminamos hacia la puerta posterior del edificio. Comenzaba a oscurecer. Entrando a tientas por el pasillo, di contra un objeto y caí al suelo. Solté una exclamación de dolor y dije algunas maldiciones, al tiempo que me agarraba a uno de los otros para no perder el equilibrio.

"¡Qué torpe eres!", fue la exclamación de Luis. "Eh, miren esto. Miren lo que me llevé por delante. Son cajones y bien pesados", agregué. "Busquen luz". Luis encendió la luz. Vimos entonces que había cerca de diez cajones contra la pared del sótano. Abrí uno. "Es dinamita. ¡Qué les parece! ¡Nos hemos conseguido explosivos!" Freddie, quien había dicho esto, parecía un chico abriendo un regalo de Navidad. "¡Que dinamita!", dije yo. "Son fuegos artificiales. Debe haber como media tonelada aquí. Todos los cajones están llenos".

"Algún tipo debe hacer un buen negocio con esto. Estas cosas son ilegales en el estado de Nueva York", nos informó Freddie. En su familiar tono condenatorio, agregó: "Aquí debe vivir algún tipo deshonesto. Le debería dar vergüenza. Seguro que pertenece a la mafia". "Basta de predicar", le contesté, mientras contaba los cajones y hacía rápidos cálculos mentales. "Debe haber unos tres mil dólares de mercancía aquí. Este es un buen botín. Nos llevamos todo esto."

Freddie seguía considerando la cuestión filosóficamente: "Actuaremos haciendo un favor a este barrio eliminando todo esto. Piensa en todo el ruido que harían aquí todas estas bombas de estruendo. ¿Por qué no las vendemos en nuestro propio barrio? Nosotros estamos más acostumbrados al ruido." Miré a Freddie y le pregunté: "¿Terminaste?", asintió con la cabeza.

"Acerquémonos un poco al auto y carguemos todo." Mientras unos hacían guardia, los demás fuimos cargando los cajones en el auto. En tres viajes limpiamos el sótano. Llevamos los cajones al escondite de la pandilla. Alrededor la medianoche, terminamos de acomodar todos los cajones, y luego discutimos la forma de vender la mercancía a los negocios del vecindario.

Más tarde, cuando me despedí de Freddie, dio unos pasos por la vereda, y luego se detuvo y me llamó: "Víctor". Me detuve y me di vuelta. "¿Qué quieres?". "Fue una acción de primera la que llevaste a cabo esta noche", me dijo con toda seriedad.

5

PELEAS CALLEJERAS... TUMULTOS...VIOLACIONES

"¡Víctor! ¡Víctor!" Enrique, vicepresidente de los Señores Romanos, entró corriendo a la Confitería Pop, en la esquina de las calles Riverdale y Powell. Yo estaba tomando refresco y levanté la cabeza. Enrique daba la impresión de estar muy asustado, y me dio un sacudión. "Uno de los Jíbaros viene subiendo la calle. Tiene un rifle en la mano." Hablaba con la velocidad de una ametralladora.

Me puse de pie, y sentí que se me ponían tensos los músculos. "¡Qué coraje! ¡Lo vamos a matar! ¿Qué derecho tiene de andar caminando a pleno día por nuestro sector con un rifle en la mano?".

El miembro de la pandilla los Jíbaros, un muchacho de tez aceitunada, abrió bruscamente la puerta, exactamente como en las películas. Fue directamente hacia mí, me apuntó con el rifle a la cara y dijo: "Dile a tu jefe que les diga a los demás que es mejor que no vuelvan a incursionar por nuestro territorio, porque si lo hacen va a haber unos cuantos Romanos muertos, y a nosotros no nos gustan los Romanos muertos. Apestan". Escupió en el piso.

Enrique y yo nos quedamos mirando inmóviles al Jíbaro. No nos atrevíamos a contestarle; él tenía la ventaja. Pasaron unos minutos, y luego lentamente fue retrocediendo hasta la puerta y regresó a su barrio, a unas cinco cuadras de distancia. Salimos a la puerta, y lo vimos desaparecer.

Por un momento me quedé estupefacto. Nos tomó por sorpresa. La más importante de las reglas que rigen las luchas entre pandillas, es decir, el empleo de la sorpresa, de la acción súbita que paraliza, la habían utilizado en este caso los Jíbaros. A nosotros nos tocaba ahora contestar de alguna manera. Salí en busca de mi hermano Ricky.

"Ven acá, Ricky, en el acto. Te necesito. Ve corriendo hasta casa y trae sin demora las dos pistolas." Antes que pudiera agregar una sola palabra, salió a la carrera como un rayo. Se detuvo repentinamente y volviendo la cabeza gritó: "¿Dónde están? ¿En qué parte de la casa están las pistolas?". "Debajo de la cocina", le contesté. Todo el vecindario nos podía oír.

Regresó en dos minutos, y nos entregó las pistolas como si fueran juguetes. "Toma, usa esta", le dije a Enrique, dándole un calibre 38. Yo me guardé la automática calibre 45. Ambas estaban cargadas; las tenía siempre preparadas para situaciones como la presente.

Pistola en mano salimos tras el Jíbaro. Caminamos tres cuadras, y de repente nos hicieron fuego. Nos escondimos detrás de un automóvil, y desde allí pudimos ver el cañón del rifle que nos apuntaba desde la puerta de una casa a una cuadra de distancia. Por entre los vehículos fuimos acercándonos. El Jíbaro siguió disparando, y cuando lo tuvimos a una media cuadra aproximadamente, abrimos fuego. Disparamos dos veces a cada uno; ambos disparos hicieron blanco en un edificio.

Sin habernos percatado de ello, nos habíamos internado en territorio Jíbaro. Aparecieron otros miembros de la pandilla y les hicimos fuego; ellos retrocedieron. El del rifle desapareció, seguramente para ganar algún techo desde el cual pudiera alcanzarnos mejor.

Salí corriendo hacia el centro de la calle e hice dos o tres disparos más, apuntando hacia las ventanas del segundo y tercer piso de las casas de departamentos. "¡No olviden nunca a los Señores Romanos!", grité.

Con el brazo le indiqué a Enrique que me siguiera de vuelta a nuestro propio sector. Apresuradamente intentamos reunir a los demás miembros de nuestra pandilla. La mayoría andaba dispersa. Algunos ni siquiera se encontraban en el barrio. Enviamos mensajeros por las calles y por los edificios de departamentos en busca de colaboradores. Mandé a los dos primeros en llegar, al escondite a buscar armas. Como se trataba de una pelea inesperada, no hubo preparación previa. Las batallas pandilleras se deben llevar a cabo en momentos y lugares convenidos entre las partes. De otro modo se corre el riesgo de que una pelea se transforme en un tumulto vecinal en el que resulten heridos personas inocentes y niños; hasta puede haber muertos. Cuando ocurrían cosas así, con frecuencia la batalla se transformaba en verdadero tumulto en gran escala.

Luego de reunir apresuradamente unos treinta integrantes de la pandilla, nos dirigimos en grupo hacia la avenida Lavonia, la línea territorial (especie de paralelo 38) implícitamente aceptada entre los Señores Romanos y los Jíbaros. A su vez ellos se encontraban allí para hacernos frente. Nos agrupamos a ambos lados de la calle, a una media cuadra de la avenida Lavonia. Los otros se encontraban a una distancia parecida de su propio lado.

Cautelosamente nos fuimos acercando hacia la línea divisoria. Ante una señal convenida, se abalanzaron repentinamente sobre nosotros. Nosotros teníamos bates de béisbol, cachiporras, caños, látigos. Habíamos decidido no emplear pistolas a fin de no atraer a la policía. Cargados una vez, luego nos retiramos cada bando a su lugar, a fin de reagruparnos para volver al ataque.

Cuando luchábamos mano a mano, estando en territorio Jíbaro, dos de los nuestros, Benny y Oscar, fueron aislados y los derribaron. Antes de que tuviéramos tiempo de salir en su defensa, a Oscar lo golpearon en la cabeza con un bate de béisbol, y a Benny lo hirieron también en la cabeza con un puñal. Los Jíbaros se retiraron y se alejaron del lugar, dejando a Oscar y a Benny a nuestro cargo. A Oscar lo llevamos a su casa para que lo cuidara su madre, pero a Benny tuvimos que hacerlo llevar en una ambulancia. En el hospital lo cosieron con diecisiete puntos.

Así eran los resultados de las batallas pandilleras. Sabíamos que lo ocurrido nos podría haber pasado a cualquiera de los demás. Pero no había tiempo para detenerse a pensar en eso. Teníamos que vengarnos.

No podíamos pasar por alto la tremenda paliza a Benny y a Oscar. Tanto nosotros, como ellos, sabíamos que las reglas de las luchas entre pandillas exigían que nos vengásemos.

Lo discutimos entre nosotros. ¿Cuál sería el momento adecuado? ¿Cómo lo haríamos? "No podemos dejar pasar un solo minuto", dije yo. "Yo soy de opinión de que debemos atacar ya mismo", dijo alguien como respuesta. "Piensen en el pobre Benny herido allí en el hospital, y mientras tanto los Jíbaros probablemente están riéndose de nosotros en este mismo instante."

No fue necesario votar. Yo miré a Big Ray y dije como sugiriendo: "¿Puñales?". "Sí, los nuevos que tenemos en el escondite."

Los dos recordamos al mismo tiempo que los teníamos escondidos porque los habíamos robado de un depósito. Enviamos a tres compañeros a buscarlos.

Decidimos mandar dos miembros de la pandilla al territorio Jíbaro, en lugar de un contingente grande, con la esperanza de no llamar la atención.

Entraron, agarraron a un Jíbaro y lo arrastraron hacia nuestro sector. Hizo tanto ruido y ofreció tal resistencia que tuvimos que tirarlo al suelo antes de poder arrastrarlo hacia nuestro propio territorio. Varios más nos acercamos para participar en el acto, dándole golpes, patadas y puñetazos. Pero antes que pudiéramos hacerle mucho daño, los Jíbaros se hicieron presentes en gran número. Al menos nosotros tuvimos que retirarnos.

Durante varias horas estuvimos así, como jugando al gato y al ratón. Hicimos varios intentos de sorprender a uno de los otros y arrastrarlo hacia nuestra zona, pero fracasamos. Comenzamos a hacer un intercambio de tiros. Esto atrajo la atención de la policía. Vinieron más vehículos policiales que nos obligaron a refugiarnos en azoteas y pasillos. No había más remedio que esperar pacientemente. Tal vez los policiales se irían.

Se estaba haciendo tarde. La policía no se iba. Comenzamos a ponernos nerviosos. Cuanto más demorábamos en vengarnos de los Jíbaros, mayor era nuestra cólera. Mientras tanto, ellos tenían más tiempo para preparar su defensa. Cuanto más pensábamos en Benny y Oscar, peor nos sentíamos.

Pero los policías seguían estorbándonos. Mientras anduvieran ellos, nada podíamos hacer. Estos eran los comentarios que intercambiábamos mientras hacíamos el juego de esperar. "Olvidemos los policías y salgamos igual", sugirió uno. "¿Y que quedemos atrapados en el medio, con los policías de un lado y los jíbaros del otro? Estás loco", dije yo, sabiendo que era una idea descabellada. "Tenemos que esperar pacientemente". Solo después nos moveremos.

Nos quedamos quietos por una hora más. La mayoría estaba todavía en el techo, y algunos ubicados abajo de tal modo que pudiéramos hacernos señas. Desde arriba podíamos vigilar a la policía como a los Jíbaros. El tiempo pasaba lentamente.

La espera se interrumpió ante un ruido sordo de algo que cayó a la acera. Nos asomamos por el techo, y vimos a un policía en el suelo y un refrigerador destrozado a su lado. Dos miembros estúpidos de la pandilla habían resuelto quebrar la monotonía. Arrojaron un pequeño refrigerador a la calle, golpeando a un policía y dejándolo inconsciente en el suelo.

Ahora sí que tendríamos problemas. Si el policía moría, uno de los nuestros pagaría las consecuencias. Si no moría, tendríamos problemas de todos modos. Cualquiera fuese el resultado, buscarían a uno de los Señores Romanos, a alguno que se encontrase en algún lugar inconveniente en un momento inoportuno, y le darían una terrible paliza.

En pocos minutos aparecieron vehículos policiales en todas direcciones. Se hizo correr la voz, ¡un policía ha sido atacado! El vecindario se llenó de policías. Algunos se dirigieron de inmediato hacia el techo de la casa de donde cayó el refrigerador. Entonces decidimos dividirnos.

Elías, uno de los que habíamos enviado al techo para vigilar, que no había tenido nada que ver con el incidente del refrigerador, pero que lo había visto todo, fue alcanzado por dos policías cuando estaba escapando hacia un escondite. No le preguntaron nada; le dieron un garrotazo y lo arrastraron hacia uno de los vehículos. Elías gritó: "¡Suéltenme! ¡Yo no fui...yo no hice nada!". No se convencieron. Pronto pasó la voz: "Agarraron a Elías...la policía agarró a Elías...lo van a matar".

La noticia sobre el arresto de Elías corrió como reguero de pólvora por todo el vecindario. Cundió la alarma en toda la cuadra. Con la tensión que ya había y que siempre estaba latente, y con el odio que todos sentían por los hombres de uniforme azul, las calles adquirieron la fisonomía de una zona de guerra. Los ladrillos, las botellas, los cubos de basura, todo se convirtió en proyectiles. Viejos y jóvenes, todos reaccionaron por igual. Se hizo un tumulto. La policía hacía disparos al aire en señal de advertencia. Llegaron refuerzos. Hubo arrestos. Solo a las dos o tres de la mañana, se calmaron completamente las cosas.

El tumulto tuvo repercusiones serias. Todo el vecindario quedó incluido en la lista de los buscados por la policía. Durante varios días mantuvo patrullaje permanente de la zona. Usaban cascos o los tenían al alcance de la mano; iban y venían a cada hora. Pequeños grupos de adultos, jóvenes y adolescentes se reunían en las calles para comentar cada detalle del tumulto, a la vez que para quejarse de las condiciones imperantes que eran la causa de estos hechos. Por cierto, que nosotros solo veíamos el asunto desde nuestro propio punto de vista. Cuando pasaba un vehículo policial dejábamos de hablar, pero todos los ojos de los presentes seguían la trayectoria del vehículo hasta que doblaba la esquina. Quince minutos más tarde estaba de vuelta.

Ocasionalmente alguien arrojaba un cubo de basura o ladrillos desde alguna azotea, pero nosotros lográbamos realizar patrullajes por nuestra cuenta y mantener la calma. Sabíamos que cualquier tumulto podía significar muerte segura para unos cuantos.

Después del tumulto, resultaba peligroso ser detenido por algún policía en otros barrios. Si nos preguntaban de dónde éramos y contestábamos que éramos de la calle Powell, o de cualquier otra calle de nuestra zona, de inmediato se nos asociaba con el tumulto y se nos apaleaba o se nos arrestaba. Nuestra reputación nos seguía.

Durante los días y las semanas que siguieron al tumulto, me pareció que el ambiente del barrio se degradaba aún más. El tumulto hizo surgir lo peor que tenía cada cual. Dio rienda suelta al odio reprimido. La policía constituía el blanco inmediato y más accesible para descargar nuestra frustración. No recuerdo haber odiado a ningún policía en particular. Odiábamos a la policía en general; no a alguien en particular. No soy sociólogo ni psicólogo, pero evidentemente lo mejor de Nueva York actuaba en representación de aquellas personas o sistemas en la sociedad a quienes considerábamos como causantes de nuestro encierro en el guetto. Desde luego que ellos no tenían ningún deseo de estar allí, como tampoco lo deseábamos nosotros mismos. Se nos había colocado en el papel de enemigos en una guerra sorda que ninguno de los bandos deseaba ni sabía cómo resolver. Esta misma guerra prosigue hoy en día.

En aquellos días comenzó lo que llamábamos "el juego de la violación". Afortunadamente nunca fui partidario de este juego. Algunos grupos de muchachos dieron con la manía de violar a las chicas y mujeres de edad mediana. Acechaban a las mujeres en las calles y callejones oscuros. Usaban una manta y una soga con las que envolvían y ataban a la víctima elegida. Luego, la llevaban a alguna azotea y la violaban por turno, empleando la manta para cubrirle la boca para que no pudiera gritar.

Cierta noche arrastraron a una mujer a la azotea favorita. Generalmente no sabían de quien se trataba la mujer hasta que la habían colocado en el suelo. Después que varios muchachos habían violado a la mujer, uno de ellos, al que le tocaba el turno, pidió luz. "¿Para qué? ¿La vas a quemar?", le dijeron. "No, hombre, solo quiero ver qué es lo que tenemos", contestó el joven violador. "¿Para qué quieres ver, estúpido? ¡Si la ves tú, ella te verá a ti! ¿Quieres que te identifique?".

"Claro", agregó otro, "tiene razón, hombre. No necesitas ver nada; todo lo que necesitas hacer es tocar." Lanzó una risotada.

"Mira, tú lo haces a tu modo y yo lo hago a mi modo. Quiero luz. Vamos, Pepe, dame un fósforo." Pepe le alcanzó un fósforo. Lo encendió. La pequeña llama apenas iluminó la oscuridad. Pepe lanzó un grito y se levantó del suelo. Se agarró la cabeza, y comenzó a llorar y a gritar. "¿Qué le pasa a Pepe?", preguntó alguien. "Acabamos de violar a la madre de Pepe."

Horrorizados, los demás del grupo se quedaron mirando impotentes mientras Pepe corría al frente del edificio y se tiraba a la calle. Antes de sufrir la agonía de saber que había participado en el "juego de la violación" con su propia madre, puso fin a su vida.

6

HIJO, POR EL AMOR DE DIOS, VUELVE A CASA

Entre conducir el auto, participar en robos, y mantener mi posición como oficial de orden de los Señores Romanos, vivía un tipo de vida intensa y emocionante. Con todo, pasaba mucho tiempo "en la esquina" sin hacer nada. Tanto la acción como la falta de acción giraban en torno a dicha orden. Con frecuencia, las luchas pandilleras se concebían allí en nuestra esquina predilecta, y hasta a veces alcanzaban allí mismo su culminación. Ahí nacían tanto los romances serios como los amores pueriles. Discusiones y peleas comenzaban y se resolvían en ese lugar. Se inventaban juegos para pasar el tiempo.

Fue en esa misma esquina donde entré en contacto con el mundo de las drogas fuertes, una noche del mes de abril cuando Diablo, Enrique y Luisito se acercaron a la esquina donde estábamos reunidos varios más. Tenían una expresión extraña, y se comportaban en forma más extraña aún. Uno de ellos se restregaba la nariz, otro se pasaba la mano constantemente por la cara. Diablo se acercó a la orilla de la acera, se encorvó y vomitó. "¿Qué les pasa al Diablo y a los otros dos?", pregunté.

Uno de los que estaba en el grupo, en la esquina, soltó una risotada. Ninguno se ocupó de contestar mi pregunta. Yo no entendía lo que estaba ocurriendo. ¿De qué se trataba esto? "Ya se están drogando", dije finalmente, después de observarlos atentamente. ¿Pero con qué? ¿Por qué sentían esos efectos? No lo sabía. Era como si los hubiese atacado alguna enfermedad extraña.

Durante varios días, cada vez que los veía, me parecían diferentes. No se comportaban como era habitual en ellos; parecían ensimismados, "como si estuvieran en otra parte", como observó alguien.

Llegué a la conclusión de que se trataba de algún tipo de droga. Pero estaba seguro que no era ni marihuana ni píldoras. "Se trata de algo más fuerte por la forma en que se portaban", le dije a un amigo que, como yo, no sabía de qué se trataba.

"Sí, hombre, esos tipos me asustan. Es como si estuvieran, pero al mismo tiempo como si en realidad no estuvieran. Yo vi a Diablo el otro día en la cafetería, y no es el mismo. Parecía extraño, como un alma en pena. Estaba sentado en una silla, y comenzó mover la cabeza hacia arriba y hacia abajo. Se frotaba la nariz a cada rato, tenía los labios secos. Cuando se levantó me pareció que se iba a caer, pero en ningún momento se cayó en realidad."

Me llevó tiempo descubrir cuál era la misteriosa sustancia que los hacía obrar como si estuvieran en trance. Resultó ser un producto fuerte: la heroína.

Hasta el momento la toxicomanía estaba reservada a los más grandes. Yo estaba muy poco enterado del problema; lo mismo ocurría con la mayoría de los integrantes de los Señores Romanos. Nos jactábamos de bailar el "jitterbug", de saber pelear, de robar en pequeña escala, y a veces de fumar marihuana, pero no éramos toxicómanos.

Diablo, Enrique, y Luisito fueron las primeras víctimas. A Diablo lo inició su hermano mayor y él, a su vez, inició a Enrique y a Luisito. Sin que el resto de la pandilla lo supiera, habían comenzado a "probar" inhalándolo, y luego inyectándolo bajo la piel.

Tratamos de disuadirlos, pero cuando nos dimos cuenta de la situación ya era demasiado tarde. Estaban "enviciados". Los dejamos en paz, pero los demás nos propusimos no mezclarnos en esas actividades, y acordamos que en el momento que alguien probara drogas fuertes dejaba de pertenecer a los Señores Romanos.

Nuestro programa preventivo no tuvo éxito. Fui testigo de la forma en que uno tras otro, primero este, luego aquel, iban siendo atraídos por la curiosidad, y se encaminaban sigilosamente al "polígono" para ver de qué se trataba la cuestión. Los que seguíamos rechazando éramos asediados todos los días con la promesa de que si la probábamos nos iba a gustar.

En el lapso de un año todo el vecindario se había poblado de morfinómanos. Muchas veces afirmé ante los "limpios" y ante los propios adictos que "a mí no me van a convencer con esa basura. ¡Ah, no! Yo me voy a cuidar. Tengo un futuro por delante".

Veía que los miembros de los Señores Romanos se volvían toxicómanos, y me burlaba de ellos. A Big Ray le dije: "Mira esos vagos. ¿De qué sirven enviciados con esa basura? No sirven para la pandilla, ni para ellos mismos, ni para nada".

El problema de las drogas asustaba a mis padres. Papá me advertía todos los días: "No te vayas a dejar arrastrar por las drogas. Bastante mal andan las cosas así". No necesitaba que me sermonearan. Tenía suficiente sentido común para darme cuenta de que hay que ser fuerte físicamente y tener la mente clara para participar en una batalla pandillera, conducir vehículos, y para planear y llevar a cabo un robo. A mis padres les dije: "No se preocupen, soy demasiado listo como para caer en eso". Yo lo creía. Lo decía con toda seriedad y sinceridad. Era una de las pocas cosas en que mis padres y yo coincidíamos.

Me apenó mucho enterarme que Diablo había comenzado con inyecciones en la vena. Al principio me mantenía alejado de los amigos que habían comenzado a usar drogas. Los consideraba débiles y estúpidos. Antes de que ocurriese esto, yo admiraba y respetaba a Diablo. Ahora comencé a despreciarlo.

Diablo insistía en buscarme y tratar de convencerme de que practicara el uso de drogas con él. "Vete de aquí", le decía yo. Me irritaba su insistencia y me obligaba a retirarme. En poco tiempo, sin embargo, me quedaban pocos amigos. Casi todos habían comenzado a usar drogas. Diablo volvió una y otra vez: "No puedes saber cómo es si no pruebas", me decía, tratando de atraerme, despertando mi curiosidad. Yo lo rechazaba.

Varias semanas más tarde, me vio en la sala de billar y me dijo: "¿No te gustaría olvidar todos tus líos por un rato? Como cuando se fuma marihuana, solo que mil veces mejor". Me pintó un cuadro maravilloso; una sensación nueva. Mientras hablaba, me invitaba a que lo siguiese. Fuimos a un rincón en la azotea de una casa cerca de la mía. Cuando llegamos, otros ya estaban inyectándose heroína en las venas. Era mi primera experiencia de esta clase. Por un rato me limité a mirar a los demás. Luego le dije a Diablo. "Me voy, Diablo. Esto no es para mí."

"Espera, Víctor", insistió. "Te voy a hacer probar un poquito nada más. ¿Cómo vas a saber si es malo a menos que hayas probado primero? Vamos, esta sola vez. No te puede hacer mal probar una sola vez." Tuve un momento de titubeo y me quedé; seguí observando.

Los otros seguían con el ritual. Con un cuentagotas sacaban agua de una botella de gaseosa. No esterilizaban la aguja; yo sabía que eso era malo. Usaban la misma aguja para varias inyecciones.

La escena me resultó repulsiva, mas sentía curiosidad a pesar de todo. ¿Qué sería lo que tenía de grandioso ese polvillo blanco como la nieve, que mis amigos íntimos sentían tal interés en él? Les interesaba más que la pandilla misma. Más que las chicas. Más que cualquier otra cosa. ¿Por qué les interesaba más pincharse la piel con una aguja que cortarle la piel a un Jíbaro, o a un integrante de la Libertad o de la pandilla de los Franceses?

Llegué a la conclusión de que no había otra forma que averiguarlo sino por mí mismo. "Okey, voy a probar", le dije a Diablo. "Una sola vez." Me arrodillé a su lado mientras el último de la rueda terminaba de inyectarse. Diablo preparó la aguja.

El corazón se me fue a los pies y me temblaban las piernas. El corazón me latía aceleradamente a medida que mezclaban el agua con el polvo. Diablo se sacó el cinturón, y me lo ató alrededor del brazo. Me frotó la parte interna del brazo con la mano ágilmente. Después supe que era para buscar la mejor vena para meter la aguja. Uno de los drogadictos observó: "¡Eh, qué lindas venas tienes! Le va a resultar fácil inyectarse".

Alrededor de mí los demás comenzaron a moverse lentamente bajo los efectos de la heroína. Tenían reacciones como las que se ven en las películas de cámara lenta. Me miraban con los ojos grandes.

Diablo absorbió el líquido con la jeringa. Antes de insertarme la aguja, me miró a los ojos. Comprendí entonces por qué le decían Diablo. Se lo pusieron como apodo porque era feo y malo. Con el puñal en la mano era perverso. Ahora era capaz de hacer cualquier cosa por una dosis de heroína. Le vi el diablo en los ojos. "¿Listo?", me preguntó, sin darme tiempo a contestar. La punta de la aguja se hundió en mi piel. Volteé la cabeza y Diablo presionó la jeringa, y el líquido pasó a mis venas. Extrajo la aguja de un tirón, me palmeó el brazo, lo tiró hacia adelante como hacen después de sacar una muestra de sangre, y agregó: "Quédate quieto por un rato, Víctor. Tómalo con tranquilidad y relájate. Vas a disfrutar esta experiencia". Yo oí que uno de los otros decía: "Tengan cuidado de que no se nos caiga encima. Espero que no le resulte excesiva la dosis".

En cuestión de segundos la poderosa droga corría por mi cuerpo. Avanzó por toda la corriente sanguínea; una ola de calor me llegó a la cabeza. El corazón me latía cada vez más aceleradamente. "¡Eh, esto sí que es algo!", dije yo. Una sensación especial me invadió. Me encontraba en un estado de euforia. Para los adictos significaba ser transportado, o experimentar la "sensación".

Comencé a sentir sueño y amodorramiento, o como un estado de semi-inconsciencia. Pero al mismo tiempo me hacía sentirme bien. Era como sentirse bien y mal al mismo tiempo. Luego, en forma súbita, el estómago rechazó tanto la sensación como la droga. Vomité, y me sentía mareado. Le dije a Diablo: "Esto es demasiado para mí. No lo aguanto". Me sostuve con la mano contra la pared procurando mantener el equilibrio. Después caí sobre mi propio vómito. "Ya se te pasará", me aseguró. "A todos les pasa lo mismo la primera vez."

Movía la cabeza de un lado para otro. Me levanté y me apoyé contra la puerta que daba acceso a la azotea. "No puedo… no puedo… Es demasiado", dije repetidas veces entre dientes.

A los pocos minutos, el mareo desapareció en buena medida. Recobré el uso pleno de mis facultades. En ese momento me dije: "Jamás me dejaré inyectar heroína de nuevo".

Quince minutos después, bajé las escaleras y me fui a caminar por las calles. Traté de sacarme lo que tenía por dentro a medida que caminaba; al rato me encontré con mi primo Samuel. Con solo mirarlo me di cuenta, para mi gran sorpresa, que él andaba en lo mismo que yo. "¿Dónde has estado?", le pregunté fastidiado.

El mismo momento en que yo me estaba inyectando la vena por primera vez, Samuel había hecho lo mismo por su lado. A los dos nos produjo una sensación desagradable descubrir lo que había hecho el otro. Seguimos caminando juntos, comentando la experiencia, y prometiéndonos que jamás volveríamos a acercarnos a la heroína.

Es notable como uno se olvida con tanta facilidad del lado negativo de las drogas. Solo se recuerdan las sensaciones placenteras: esa alfombra mágica imaginaria que transporta al usuario hacia arriba y fuera de la realidad, para introducirlo en el país de las maravillas, de la "Alicia" del cuento. La promesa que le hice a Samuel de mantenerme alejado de la heroína duró un total de trece horas.

Al día siguiente de la primera experiencia, Samuel y yo nos encontramos para resolver cómo, dónde y cuándo nos habríamos de inyectar nuevamente. Aparentemente el malestar debe haber sido leve en relación con la sensación experimentada. Queríamos experimentar esa sensación una vez más.

No es que estuviera ya enviciado. Nadie se envicia con una sola inyección, por lo menos físicamente. Eso es lo que dicen los expertos. Pero con una sola inyección se me había abierto la puerta a la toxicomanía. La heroína es como el diablo. Se le ofrece la mano, y se toma el codo. Se le ofrece una vena, y se toma la vida. Se le deja pinchar la piel con una aguja, y arrebata el alma para arrastrarla al infierno.

Busqué a Diablo. "¿Dónde puedo conseguir un poco de heroína?", le pregunté directamente. Sonrió igual que el diablo. "¿Te gustó, no es cierto? ¿No te lo dije? Yo sabía que te gustaría." "Sí, no estaba mal. Solo quiero probarlo unas cuantas veces más. ¿Dónde se consigue?". Sabía que la próxima inyección no sería gratis. La droga era demasiado potente como para ser barata. Diablo mencionó el nombre de Rafael. Nos dirigimos a su departamento. Me explicó que Rafael acababa de mudarse al barrio; venía de Harlem, del sector de habla española.

"Tiene conexiones muy buenas; Rafael vende la heroína de mejor calidad que se consigue." Golpeamos la puerta del número

9B. La puerta se entreabrió apenas. Por la puerta asegurada con cadena, se asomó una cara. "¿Qué busca?", le preguntó la voz a Diablo. En seguida se dio cuenta de que estaba yo también. "Te dije que nunca trajeras a nadie hasta aquí a menos que yo lo conozca." Rafael estaba enojado. "Está bien, no tengas miedo, ni de mí ni de mi amigo. Trátalo bien. Es un cliente nuevo. Te aseguro que va a hacer un buen negocio." Se abrió la puerta, y Rafael me examinó. "¿Tienes heroína?", le preguntó Diablo. "¿Tienes con qué pagar?". "Dale los cinco dólares", me dijo Diablo, y Rafael extendió la mano.

Saqué un billete de cinco. En el otro bolsillo tenía un rollo de billetes de cinco, diez y veinte dólares. Andaba cargado; habíamos realizado con éxito una serie de robos. Nunca me faltaba dinero. Rafael recibió el billete y dijo: "Esperen un momento." En breves instantes volvió con una bolsita de celofán. Así hicimos la transacción. Rafael se guardó el dinero y cerró la puerta sin esperar. "¿Tienes los elementos necesarios?", le pregunté a Diablo. Yo era tan nuevo en todo esto que no tenía lo necesario para preparar e inyectar la droga. "Yo conozco a un tipo en este mismo edificio que los tiene", me informó Diablo. "Si partimos la bolsita con él, nos va a permitir usarlos. Lo único que tenemos que hacer es darle un poco." "Vamos, chico", le dije apresurado. "No aguanto la espera. Quiero sentir la sensación en la cabeza de nuevo."

Encontramos a Archie, y los tres compartimos la bolsita que acababa de comprar. Normalmente un tercio de la bolsita es suficiente, pero como yo era nuevo tenía el sistema limpio. Bastaba una pequeña cantidad para producir el efecto que yo buscaba; es decir, en la cabeza. Los otros dos estaban más acostumbrados que yo, de modo que la dosis no les hizo el mismo efecto, Pero era droga de todos modos. No se quejaron.

Esta vez no me produjo náuseas. La droga pasó suavemente al sistema sanguíneo, produciendo el efecto tan maravilloso que me parecía que no había en el mundo algo semejante. Esa fue mi primera bolsita de heroína, compartida, por cierto. De allí en adelante me hice mezquino; quería toda la bolsa para mí solo. Diariamente salía en busca de Diablo, Rafael, o cualquiera que anduviera vendiendo el producto.

Al principio empleaba una bolsa por día; una por inyección, durante tres meses consecutivos, luego el vicio comenzó a hacerse más exigente. El sistema sanguíneo estaba creando defensas. Necesitaba dos bolsas para conseguir el efecto que antes obtenía con una sola. Posteriormente subió a tres por día, luego cuatro, a veces más. De repente, me di cuenta que me estaba enviciando. Ocurrió cuando me quedé sin dinero. Un día me di cuenta que después de la inyección de la mañana, no me quedaba dinero para la de la tarde. A las tres da la tarde me sentía mal. Comenzaron los temblores. Fui empeorando gradualmente. La transpiración me brotaba en la frente, por dentro me consumía el deseo. Solo entonces se me ocurrió pensar: "Estás enviciado, Víctor. La travesura ya está hecha. Estás hecho un drogadicto como los demás". Era cierto y lo sabía. No podía funcionar sin la inyección.

Me fui a casa con el propósito de resolver el problema durmiendo. No sabía qué otra cosa hacer. Pero aprendí que no era tan fácil como librarse de un resfriado o de la gripe. A la media hora andaba de nuevo afuera buscando el traficante de drogas.

"Dame un poco", le rogué a un drogadicto a quien apenas conocía. Me dijo que no tenía. A varios otros les hice el mismo pedido, pero todos me contestaron lo mismo. "Por favor, dame un poquito." El ruego se hizo insistente. La mano me comenzó a temblar. No tenía dinero, ni heroína, ni mucho menos amigos. Me sentía empeorar minuto a minuto.

"¿No ves que me siento mal?", le dije suplicante a Diablo, cuando al fin lo encontré. Me sentí aliviado cuando lo vi. Estaba seguro que él me ayudaría. Nada. Ni siquiera mi íntimo amigo, Diablo, se apiadaba de mi pobre cuerpo sacudido por el dolor. Su negativa resultó peor que el deseo que sentía. Me di cuenta del efecto que producía en toda la droga. Ya no existía la hermandad en el grupo del barrio. Ahora se trataba de cada cual; cada drogadicto con lo suyo. No había tiempo para preocuparse por los demás, ni para compartir, ni para dar una mano. Estábamos demasiado ocupados con los malestares, con las transacciones, o demasiado intoxicados con la droga como para interesarnos en los demás.

Seguía de uno a otro sitio buscando ayuda. "Haré cualquier cosa para conseguir la droga", me dije. Por primera vez estaba dispuesto a matar, incluso, para conseguirla. Finalmente, un drogadicto más experimentado me dijo: "Puedes librarte de los temblores por un tiempo tomando un jarabe para la tos que se llama "cosenil". Cuesta solo sesenta centavos de dólar. Tienes que tomarlo todo de una vez. Te sentirás mejor." En realidad, me sirvió para pasar la noche. Pero a la mañana siguiente me sentía mal de nuevo, y desesperado por conseguir una dosis. Conseguí meterme en un departamento, y robé un aparato de televisión. Lo vendí en la calle por veinte dólares. Tenía resuelto el problema por un día más. Durante todo un año me inyecté heroína. La rutina diaria era inyectarme, robar, inyectarme, y robar nuevamente. Pero no duraba mucho, y sabía que al poco tiempo tendría que andar fuera "luchando" para conseguir más dinero, o que me sentiría mal. Por lo tanto, aprovechaba al máximo cada inyección.

Una nueva manera de divertirme cuando me encontraba bajo los efectos de una fuerte dosis de heroína consistía en quedarme de pie toda la noche mirando programas de televisión y jugando a "la rata". El juego consistía en armar una trampa especial para ratas. Ataba una cuerda fuerte a un cubo de basura, le daba vuelta, y lo levantaba del piso de la cocina a unos cuantos centímetros, haciendo pasar la cuerda por el aparato de calefacción a modo de palanca. Tendía la cuerda desde la cocina hasta el dormitorio. El cebo consistía en atún envuelto en papel, colocado debajo del recipiente. Luego me ponía guantes de goma, llevaba la rata al baño, le ataba un cordel, me sentaba en una silla, y lentamente dejaba caer el animalito al agua hasta que se ahogaba. Jugaba este juego toda la noche (el récord fue de ocho ratas), como si me identificase con la rata al principio, ya que yo mismo vivía como un animal, pero ahogándola en venganza por las veces que cuando niño las tuve que echar de mi habitación.

Me inyectaba heroína para sentirme bien, para poder robar, y necesitaba robar para pagar lo que costaba la droga. Luego empecé a notar que ya no sentía la sensación de antes. Tenía que inyectarme la droga simplemente para mantenerme normal, para no sentirme mal. La droga se transformó en la medicina, en lugar de ser un medio de obtener placer.

Mis padres descubrieron que me había hecho toxicómano unos ocho meses después de que había comenzado con las inyecciones en las venas. Otros lograban mantener el secreto mucho más tiempo. Pero mis padres tenían conciencia del peligro de cosas tales como los narcóticos. Me observaban en busca de los síntomas. Veían los cambios que se iban produciendo en mis costumbres. Me vestía mal, comía poco. No me importaba nada. Me rehusaba a hablarles. Ignoraba a mi hermano y a mi hermana.

Reaccionaron severamente. Me alegro de que tomaran esa actitud. Otros no tenían quien se preocupase por ellos. Nadie que anduviere tras ellos, nadie que les rogara que cambiaran. Después que mis padres supieron toda la verdad, yo solía entrar a la casa y mi padre decía: "Aquí viene el demonio." Yo les robaba a ellos. Mi madre no podía dejar su cartera a la vista porque yo le sacaba todo. Hasta le robaba a mi hermano.

"¿Qué nos estás haciendo?", solía preguntarme mi padre. "Daría lo mismo que nos metieras una puñalada o un tiro. Nos estás matando a los dos. Vemos lo que te estás haciendo a ti mismo, y no podemos soportarlo. Ver que nuestro propio hijo se está transformando en un animal, en un ladrón, un asqueroso drogadicto. No puede ser que sigas negándote a ti mismo y a nosotros. ¿Quieres que tu hermano o tu hermanita se vuelvan drogadictos?".

Una vez tras otra, oía las mismas expresiones. Papá me amenazaba. Mamá rogaba. La mayor parte del tiempo yo me sentía demasiado enfermo como para prestarles atención, o para demostrar algún interés. A veces prestaba atención a los ruegos de mi madre, pero sin reaccionar en un sentido o en otro. Cierta vez entré a la casa, y mi padre me dijo a gritos: "¿Por qué no te vas de una vez y nos dejas tranquilos?". Lo insulté. "Dame cinco dólares y me voy." Me indicó la puerta, y me dijo: "¡Fuera! ¡Fuera! No vuelvas a pedirnos un centavo".

Me levanté de un salto, puse la mesa de la cocina patas arriba, y mirando a mi madre le dije: "Por favor, antes que haga algo más drástico, dame un poco de dinero". "Lo siento, hijo. Oíste lo que dijo tu padre. No tengo ni una moneda para darte", me contestó. Comencé a discutir con mi padre, consternado porque no le permitía a mi madre que me ayudara. "¡Te puedes ir al infierno!", le grité. Entré bruscamente a la sala de estar, y arranqué la lámpara. "Voy a vender la lámpara para conseguir con qué comprar heroína." Papá me tiró un golpe. Arrojé la lámpara al piso y traté de derribarlo al suelo, pero me caí yo también.

"¿Ves lo que te digo?", le hablaba a mi madre mientras me observaba desde arriba. "Este muchacho es un demonio; creo que ni Dios puede cambiarlo. Se va a destruir a sí mismo, y nos va a arrastrar consigo. No aguanto más." Su ira se había calmado. Mientras él hablaba, mi madre no podía controlar su emoción. Levanté la vista desde el piso, pero había perdido todo vestigio de sentimiento. Primero estaba la heroína. No había lugar para el pesar, la vergüenza, ni nada que se le pareciera.

Mi madre era creyente, y concurría regularmente a los servicios religiosos. Cuando me hice drogadicto, aumentó la asistencia a la iglesia y hasta comenzó reuniones de oración en mi casa. "Le ruego que ore por mi hijo", era su pedido constante, ya fuera en las reuniones en la casa o en la iglesia. A diferencia de muchos otros padres, en ella no cabía la vergüenza. La situación era desesperada, y ella sabía que solo Dios cambiaría mi vida y me daría paz. Me lo recordaba constantemente. Como el detective que persigue a un sospechoso, así me siguió con su mensaje de esperanza.

Cuando me encontraba jugando el billar, cierto día en el lugar donde se reunía la pandilla, uno de los muchachos me dijo: "Víctor, aquí viene tu vieja". Levanté la vista de la bola, y vi a esa pequeña mujer que se había convertido en mi sombra. Me sentía humillado frente a los amigos. Vino directamente a mí y me habló. "Hijo, quiero que vengas a casa." Me tomó del brazo y trató de llevarme consigo. "¡No! Vete a casa, mamá", le dije con amargura, y traté de ignorarla. A veces me iba de la casa por dos o tres y hasta cuatro días seguidos. Cuando lo hacía, ella salía a buscarme. Les preguntaba a todos o a cualquiera. "¿No has visto a mi hijo? ¿No has visto a mi hijo drogadicto, Víctor?". Inevitablemente, siempre me encontraba de algún modo. Entonces oía las conocidas palabras: "Hijo, por el amor de Dios, vuelve a casa". Me seguía por los pasillos, los fondos de las casas, los sucios subsuelos y hasta las azoteas, aunque me encontrara a muchas cuadras de la casa. No creo que haya habido madre como la mía. Se negaba a abandonarme. Y nunca dejó de rogarme: "Hijo, por el amor de Dios, vuelve a casa".

En cierta ocasión me encontró en una azotea justo cuando comenzó una discusión por un malentendido entre los otros drogadictos y yo. Me acusaban de haberles sacado dinero deshonestamente. Yo tenía puñales y navajas, de modo que me defendí lo mejor que pude. Pero ya no podía pelear como en otros tiempos. Estaba hecho una bolsa de huesos. Me tiraron al suelo, y me estaban arrastrando al borde del edificio, para arrojarme a la calle, cuando apareció mi madre. Se metió directamente en el medio para defenderme, y yo logré librarme y escapar.

"Está perdiendo el tiempo con Víctor", le decía la gente a mi madre. "No vale la pena que lo siga." Pero nadie la podía convencer. Se negaba a entregar su hijo a la heroína y al diablo, por lo menos sin luchar. Casi invariablemente, la encontraba orando cuando llegaba a la casa, cualquiera que fuese la hora del día o de la noche, y siempre era por mí que oraba.

Durante una de esas reuniones de oración, volví a casa borracho, como de costumbre. Eran las tres de la mañana. Yo pensaba que estarían todos dormidos. Al encender la luz en la sala, me di con mi madre de rodillas. Sin levantar la vista siguió rogando al Altísimo por mí. Pasé de largo y me acosté en mi cama. Me fastidiaban sus oraciones; sin duda debido a mi sentido de culpa frente a ella y a Dios. "Dios mío, salva a mi hijo", decía mi madre.

"Dale vida nueva, danos un hijo nuevo; oye mi oración. Por favor, Dios mío. Tú eres nuestra única esperanza de salvación." Siguió dirigiéndose a Dios como si estuviera allí mismo en la sala, sentado en el sillón a su lado. Terminó de orar y miró hacia el dormitorio para ver si yo había llegado. Vino hacia mí, me abrazó y comenzó a llorar. Me di vuelta y le di la espalda. "Estás loca. ¿Por qué oras así? Estás gastando aliento inútilmente si crees que Dios me va a ayudar." Derramé amargamente sobre ella toda mi frustración y rebelión: "Lo único que te va a dar paz tal vez sea morir de una dosis excesiva o que me pegue un tiro la policía". Me acercó hacia sí, y me miró directamente a los ojos. Jamás olvidaré cómo habló desde el fondo del alma y con voz de autoridad:

"Hijo, no me importa lo que digas, o lo que diga la sociedad. Yo sé muy dentro de mí que tú quieres ser diferente. Dios te va a tomar entre sus manos un día de estos, y vas a ser transformado por su poder." Al hablar estaba profetizando. "Te ruego que no ores más por mí", le respondí.

7

TRATAMIENTO PEOR QUE EL DE LAS CALLES

"¿Qué te ha pasado?", le pregunté a Samuel, mirándole la cabeza vendada. "Mi viejo me pegó", dijo mientras caminábamos a la par. Iba con la mirada en el suelo. "¿Te pegó? ¿Con qué?". "Con un martillo; con eso me pegó", agregó con la voz apagada. "¿Con un martillo? ¿Por qué? ¿Te quería matar?", le pregunté apenado. "La rabia que tenía era como para eso. Me dijo que, si no me internaba en un hospital o algún otro lugar para someterme a tratamiento, la próxima vez me mataría. ¡Caramba, Víctor! Lo dijo en serio. Nunca he visto así a mi viejo."

El problema de Samuel lo tenía yo también. Todo drogadicto se enfrenta con el problema de los problemas familiares, de madres desconsoladas, padres preocupados y frustrados, y tanto madres como padres confundidos y perplejos, sin idea de cómo proceder.

Otros miembros de la familia como hermanos, hermanas, parientes, también se sentían afectados emocionalmente, y a menudo eran arrastrados igualmente hacia el uso de drogas. Conocí un buen número de hombres que indujeron a sus esposas a adquirir el hábito en algunos casos, con el solo propósito de crearles la necesidad a fin de que se hicieran prostitutas para poder obtener dinero para las drogas que ambos querían.

¿Qué hacen los padres cuando descubren que un hijo o una hija se ha iniciado en el vicio de las drogas? Hay que evitar el pánico y mantener la calma. Es fácil cometer ese error. Es natural que les asalte la ira. En la mayor parte de los casos, los padres se enojan consigo mismos, aunque no se dan cuenta de ello. Se sienten trágicamente fracasados como padres. Algunos culpan cualquier cosa menos a sí mismos (los amigos, la escuela; dicen que alguien les mezcló alguna droga con un refresco, o le echan la culpa a la sociedad). Algunos se sienten directamente culpables, y los invade una profunda desesperación en el hijo descarriado. Los que son presa del pánico, pierden el control y terminan por empeorar las cosas como en el caso del padre de Samuel, que le pegó con un martillo. Cuando los padres reaccionan violentamente obligan al hijo a retraerse, se interrumpe toda comunicación entre ellos, y nace en el hijo el sentimiento de rebeldía. Como consecuencia, aumenta la necesidad de acudir a las drogas, aunque solo sea para escapar al trauma emocional creado.

Los padres tienen que hacerles frente a los hechos. No deben negarse a creer que su hijo pueda estar enviciado. He conocido a muchos padres que no les han dado importancia a las señales de peligro (ya se trate del uso de drogas o de otros problemas de comportamiento). Su actitud consiste en pasar por alto los síntomas, y suponer que desaparecerán solos. Se resisten a aceptar la realidad de las cosas. Mientras ellos están demasiado ocupados como para ver que algo anda mal, o demasiado abstraídos como para darse cuenta del momento en que el comportamiento de su hijo está cambiando, la situación empeora notablemente. Quizás si hubieran podido adelantarse al problema, o estuvieran en condiciones de observar su evolución, podría haberse hecho algo antes que el hábito de las drogas o los otros problemas se hiciesen persistentes.

En el caso mío, quizás no hubiera hecho ninguna diferencia que mis padres hubiesen descubierto mi inclinación por las drogas en las etapas iniciales. Mi suerte ya estaba echada antes de fumar mi primer cigarrillo de marihuana, antes de recibir la primera inyección de heroína. Las drogas constituyeron el síntoma culminante de mis problemas.

¿Qué pueden hacer los padres en una situación de esta naturaleza? Nada. Aunque parezca una afirmación pesimista, es la triste realidad. Muchas veces no se puede ayudar en forma directa a los jovencitos que se han iniciado en las drogas. Pero hay otras formas en que la familia o los padres, o el esposo o la esposa, pueden ayudar. Pueden perseverar sin perder nunca la esperanza. Por otra parte, no deben hacer nada que pueda afectar en forma permanente las relaciones con el hijo. Los padres que obligan a sus hijos a someterse a programas de orientación o rehabilitación en forma prematura, o que los sacan de la casa y pierden todo contacto con ellos, o que se niegan a contestar llamadas telefónicas o a recibirlos de visita una vez que se han ido de la casa, o que se niegan a visitarlos cuando han sido detenidos, no hacen más que agregar insultos a la injuria.

Mi madre no me abandonó un momento. Perseveró insistentemente. Yo la ignoraba, la ofendía, me burlaba de ella, pero nada de esto sirvió para disuadirla. Cuando me enojaba con ella, en realidad estaba enojado conmigo mismo. Los padres tendrían que comprender que, con frecuencia, las cosas que dicen o hacen pueden ser interpretadas en sentido inverso por los hijos, justamente lo contrario de la intención que le dieron los padres.

Por otra parte, la hostilidad del hijo puede no ser más que una forma de ocultar la soledad o el deseo de ser ayudado. La acción constituye en realidad un pedido de auxilio. Puede ser que el adolescente que se escapa de la casa quiera comprobar si sus padres lo van a extrañar o no. Sé de un muchacho que volvía a su casa drogado todas las noches e invariablemente su madre le gritaba. Una noche, volvió en las mismas condiciones de siempre, pero su madre no le dijo una palabra. Se fue al dormitorio diciendo: "Mi mamá ya no me debe querer más, pues ya no me grita".

Samuel y yo nos sentamos en el parque a conversar sobre los problemas que teníamos en la casa. Resolvimos acudir juntos a un hospital para librarnos del hábito. Me había enterado de un hospital en la calle 100, en Manhattan, que había inaugurado una sección especial para drogadictos. Estaban experimentando con un programa nuevo que consistía en inyectarle al paciente otra droga denominada metadona. Actuaba como desintoxicante. Se trata de una heroína sintética que sustituye a la real, y neutraliza los dolores que se experimentan al intentar abandonar el vicio.

Samuel y yo fuimos de los primeros en someternos a este programa de rehabilitación. En la actualidad, hay decenas de clínicas que emplean la metadona en Nueva York (y que atienden a más de 25,000 pacientes), aparte de las clínicas ubicadas en los lugares donde se concentran los drogadictos crónicos. Al igual que ahora, entonces los médicos prometían curación. La metadona era la respuesta al problema del drogadicto; una especie de medicamento científico y mágico. Se llegaba a asegurar que los drogadictos iban a desaparecer de las calles. Cuando el paciente se está tratando con metadona, producto que se obtiene en tabletas o líquido para mezclar con naranjada, el paciente se siente satisfecho; le resuelve la necesidad física de la droga perniciosa. Si intenta inyectarse heroína, no le produce ningún efecto.

Parecía demasiado bueno para ser verdad. Pero los resultados no fueron los anunciados, ni entonces ni ahora. En la actualidad, hay quienes se están enviciando con metadona. Con frecuencia resulta más difícil abandonar esta medicina que la misma heroína;

prácticamente imposible para los que la han venido usando durante mucho tiempo.

La idea inicial del tratamiento era que el drogadicto tomara metadona durante un lapso de tiempo breve, y luego la dejara. Mientras estaba siendo tratado, recibiría atención psiquiátrica, orientación vocacional, y todo otro tipo de ayuda que necesitara. Esto estaba encaminado a llegar al fondo mismo de su problema, descubrir qué fue lo que lo llevó a iniciarse en las drogas en primer término, y enseñarle a buscar soluciones a sus dilemas, con la esperanza de que en adelante no sintiera ninguna necesidad de volver a las drogas. Pero no daba resultado. En el momento en que el drogadicto dejaba de tomar metadona, este volvía directamente a la heroína. La mente persistía en el hábito. Al paciente no se le curaba el mal que tenía dentro. La metadona aliviaba al paciente de los dolores que sentía al abstenerse de la heroína, pero no eliminaba la causa que lo empujaba hacia las drogas. Además, muchos pacientes encontraban la forma de vencer la metadona, con otros productos que tenía parecidos a la heroína.

Ahora hay drogadictos que se mantienen bien con dosis permanentes de metadona. En algunos casos, el tratamiento con la metadona produce resultados satisfactorios. Pueden trabajar, vivir con la familia, y abandonar esa vida de peleas y crímenes en la calle. Pero siguen siendo drogadictos; adictos a la metadona. Se les tiene que clasificar como casos crónicos. No se sabe qué daños físicos pueden resultar para el cuerpo, como consecuencia del consumo permanente de los componentes químicos de la metadona.

Temo que el tratamiento puede llegar a ser peor que la misma toxicomanía. Pienso también que el empleo de la metadona, como método fundamental para curar al drogadicto, constituye una admisión de parte de las autoridades y de la sociedad del total fracaso de los programas de rehabilitación del drogadicto. Le están diciendo: "No te puedes curar; eres una persona enferma; eres un inválido. Tendrás que seguir siendo drogadicto toda tu vida".

Samuel y yo no sabíamos en qué nos estábamos metiendo. Afortunadamente Samuel resultó ser alérgico a la metadona. Pero a mí me la suministraron durante catorce días, y luego interrumpieron el tratamiento. En ese entonces no había ningún programa consecutivo.

A la tercera semana comencé a sentirme mejor. Le dije a Samuel que me parecía que iba a salir airoso, que pensaba volver al colegio a continuar estudiando. Tenía nuevos deseos y esperanzas. Las drogas me habían tenido subyugado demasiados años. Quería verme libre. Las experiencias vividas con las drogas eran grandiosas, pero ya no toleraba los momentos de depresión. Las náuseas, las horas en la cárcel sufriendo los efectos de la falta de droga, el tipo de vida criminal para costear las dosis, las horas perdidas en la esquina esperando la llegada del proveedor de drogas cuando escaseaban, las rencillas con mis padres, todo esto me tenía cansado.

Pensaba en la cantidad de dinero que tenía que reunir para alimentar mis venas: entre 25 y 50 dólares diarios, 200 por semana, 1,000 dólares al mes, 12,000 dólares por año y más.

Me sentaba cerca de la ventana de hospital, y miraba hacia la carretera del lado oriental de Manhattan. Observaba el paso de los veloces vehículos, y meditaba sobre mi suerte y dudaba acerca del futuro.

"Mira a esa gente", le decía a Samuel. "Son libres, van a donde quieren ir, y hacen lo que quieren; son libres. Son seres humanos; quiero ser como ellos." Soñaba en voz alta.

Resultaba difícil no pensar en los narcóticos. Cualquiera fuese el tema de conversación que se iniciaba entre los drogadictos que nos encontrábamos haciendo el tratamiento, invariablemente terminábamos hablando de nuestro tema favorito: la heroína. Por más que habláramos de abandonar su uso, no podíamos evitar el tema, y mentalmente nos estábamos inyectando dosis al hacerlo. Cualquier tema evocaba las drogas.

Aprendí mucho en el hospital acerca de las drogas, el crimen y la vida en las calles. Comparábamos notas entre todos. Compartíamos experiencias sobre donde conseguíamos las dosis, información sobre los vecindarios, negocios, departamentos propicios para robar, los policías que convenía evitar, qué píldoras tomar cuando no se conseguía heroína; en cuál droguería se podía comprar productos del mercado negro, etc. Fue una especie de seminario para drogadictos.

Ni siquiera en el hospital era posible mantenerse distanciado de las drogas. Algunos pacientes abandonaban el hospital, y volvían al día siguiente diciendo que venían a visitar algún paciente. Seguían trayendo drogas. Un tipo de nombre César se acercó un día hasta la entrada de nuestro pabellón en el hospital y nos llamó. "Miren lo que les tengo", dijo; "regalos para todos". Antes que tuviéramos tiempo de darnos vuelta para ver quién era, cayeron píldoras al suelo y rodaron en todas direcciones.

"Eh, muchachos, alguien nos quiere, por lo visto." Nos abalanzamos sobre las píldoras de diversos colores. César es un Papá Noel. ¡Qué bueno! Los guardianes pidieron ayuda, pero antes que pudieran hacer algo, el piso quedo limpio, y las píldoras se deslizaban por nuestras gargantas.

Había otras tentaciones también en los enfermeros varones; algunos eran homosexuales. Hacían insinuaciones constantemente. Al que estuviera dispuesto a pasar una noche con ellos en el depósito del hospital le daban droga gratuitamente. Hasta algunos policías que hacían guardia eran homosexuales. Todos los días uno de ellos me hacía propuestas. En lugar de que ellos me custodiaran a mí, yo tenía que cuidarme de los guardianes. Por el hecho de rechazar las propuestas, me veía privado de favores.

La llegada del momento de abandonar el hospital y volver a casa me produjo gran regocijo por más de una razón. "El hospital es peor que la calle", le comenté a Samuel cuando nos dieron de alta definitivamente. El médico y el psiquiatra certificaron que estábamos curados. Volví a Brownsville un viernes por la mañana.

Esa noche traté de dormir, pero descubrí que sin metadona no podía conciliar el sueño. Me dolían los huesos y sentía náuseas. Era como empezar el tratamiento de nuevo. Acostado allí en la cama, sin poderme quedar quieto, luchando con el dolor que sentía, poco a poco con el paso de las horas fui perdiendo las esperanzas nuevamente. "No estoy curado. Sigo siendo un drogadicto", me dije. Y así era.

La ayuda médica fue cambiar un hábito por otro. Me cambiaron un billete por cuatro monedas de valor equivalente; la suma era la misma. No había dejado de ser un drogadicto. A la una de la mañana no aguanté más y me levanté. Mi madre me oyó. "¿A dónde vas, Víctor?", me preguntó cuando nos encontramos en la puerta de la habitación. "No puedo dormir, mamá. Ese hospital me ha hecho mal; me ha dejado peor. Le relaté mi triste historia. Me rogó que me quedara en la casa. "No salgas a la calle. Estás limpio, hijo. No necesitas esa basura."

Bajé las escaleras, y ella se quedó mirando hasta que me perdí en la oscuridad; en ese mundo del drogadicto. Ella sabía que era inútil seguir rogando. Cuando comenzaba a sentir la necesidad, nada ni nadie, ni siquiera las lágrimas de una madre ni sus ruegos podían evitar que fuera en busca de la ansiada dosis de estupefaciente.

"Aquí vengo, Rafael… aquí vengo, Rafael." La frase se sucedía en mi mente como un disco rayado. Me fui directamente a la casa de Rafael por la oscura calle. En cosa de veinte minutos me había puesto ya la inyección. Los 25 días de tratamiento se esfumaron con una bolsita de heroína de cinco dólares. Con él se fueron mis sueños; se fueron en la espiral de mi estado de euforia.

"¿Para qué resistir?", me dije para justificarme. "Eres un drogadicto, y lo seguirás siendo, aunque no quieras." Llegué a la conclusión de que estaba aceptando lo que de todos modos era inevitable.

Siete años más continuó esta ronda en la miseria, a un costo de 75,000 dólares. Volví al hospital catorce veces, no para curarme, sino para aliviarme temporalmente. Después de ingerir heroína por varios meses el sistema crea cierta tolerancia e inmunidad. Conseguir el efecto que se busca requiere entonces cantidades crecientes de la droga. El costo asciende en esos momentos a 50 dólares diarios o más. Llegado ese momento, el hospital suena bien. En catorce días el sistema se desintoxica y se purifica. Después del tratamiento una sola bolsita diaria basta. Usábamos los servicios del hospital para neutralizar la creciente tolerancia. Lo que cuesta mantener el pabellón especial en el hospital, para que los drogadictos lo usen con el fin mencionado, arroja sumas astronómicas. Ahora se utiliza la metadona con el mismo objeto.

Al comprobar que mi mal no tenía cura, exploré otras posibilidades. "Lo que necesito es un cambio de ambiente", les dije a mis padres. Los convencí de que me debían mandar a Puerto Rico. "Allí haré nuevos amigos, estaré en otro ambiente, será un nuevo comienzo." Mis padres aceptaron, pues parecía una buena idea.

No obstante, me llevé el problema conmigo, porque el problema no eran las drogas en el cuerpo; el problema estaba en que las drogas las tenía Víctor en el corazón. Se trataba de la droga del pecado, del odio, de la corrupción, que llenaban mi corazón. Todo eso lo llevé conmigo a Puerto Rico. Es que por dentro la persona era la misma. No pasaron dos semanas antes que comenzara con la misma rutina. Como un imán me incliné nuevamente por el camino de las drogas.

Igual que tantos otros, que piensan que un cambio de ambiente, un nuevo hogar, una escuela nueva, un cambio de ocupación, otra novia o novio, otro matrimonio, o hasta una religión diferente, yo también me engañé. El drogadicto, el alcohólico, o cualquier otra persona esclavizada por algún hábito persistente, vive pendiente de otras tantas esperanzas falsas.

Yo era sincero; yo quería liberarme del vicio. Tenía tanto el deseo como la voluntad para cambiar, pero me faltaba el poder para hacerlo. Me engañaba a mí mismo. Tenía fe y esperanzo solo dentro de mí mismo. Pero estaba en bancarrota moral, espiritual y mental. No había nada dentro de mi ser que pudiera producir el cambio. El pensar positivamente está muy bien si se cuenta con algo positivo para comenzar. Yo no lo tenía. La mayoría de las personas que se encuentran en la condición en que estaba yo, no lo tienen. Necesitaba complementar mi voluntad con algo más; algo a lo cual pudiera unir mi voluntad y mi deseo de cambiar. Mi madre me decía que, si yo tenía la voluntad necesaria, Dios me daría el poder que necesitaba. "Mi voluntad y su poder." Yo no entendía cómo funcionaba esto, y en consecuencia seguía viviendo en base a una esperanza falsa.

Buscaba la salida más fácil. Quienes están en esa situación siempre obran así. Buscaba el camino más corto que condujera al éxito: un camino sin dolor ni sufrimiento, sin esfuerzo, sin esperas, sin costo. Es uno de los efectos de las drogas. Cuando te sientes mal, buscas una píldora, fumas un poco de marihuana, bebes o te inyectas heroína. Como por obra de magia desaparece el problema; por lo menos desaparece a la vista. Luego cuando se trata de buscar curación, el drogadicto quiere que sea de la misma forma: instantánea. Es decir, para curarse de las drogas desean encontrar una solución como la que ofrecen las drogas. Con frecuencia el médico, el psiquiatra, y otras personas relacionadas con esta actividad, favorecen la perpetuación de esta misma actitud. Tienden a mimarnos. Hacen todo por el paciente. Jamás se le deja sufrir o experimentar dolor. Le quitan la posibilidad de sentir alguna medida de responsabilidad o compromiso personal en la tarea de obtener curación.

Regresé de Puerto Rico enviciado nuevamente. Allí fui a parar a la cárcel, donde conocí las frías y rudimentarias instalaciones carcelarias disponibles. Resolví volver una vez más al hospital. Esta vez me hice la firme determinación de no usar medicamento alguno. "Enciérreme en una habitación, doctor; voy a aguantar la prueba. Tengo que hacerlo por mí mismo."

Logré convencerlo. "Después que haya pasado la prueba, mándeme al psiquiatra para que me ponga la cabeza en su lugar", le dije finalmente. "Tendrás que firmar una declaración para que no tomes medicamentos", me dijo el médico. "Esto lo haces por tu propia cuenta y riesgo." "De acuerdo", le contesté.

La habitación que me asignaron tenía una sola cama, una cómoda, y una palangana. "La necesitaré cuando vomite", me dije. La única ventana tenía barrotes. Seguramente otros pacientes habrán tratado de escapar por la ventana, por lo cual habrían tenido que asegurar la ventana.

Las primeras horas las pasé bien. Me mantenía a base de la última dosis. Dormí a ratos. Luego, tal como lo esperaba, comenzaron los calambres, los dolores corporales, los escalofríos; sentía frío y calor alternadamente. Me envolvía con frazadas, pero no podía evitar los temblores, como los del epiléptico. En seguida me sentía acalorado. Me metía en la cama, volvía a salir, volvía a meterme. Fuera de la cama me dedicaba a ir y venir por la habitación. Las horas se arrastraban lentamente.

8

UN PAÑUELO BLANCO

Los sueños se transformaron en pesadillas; pesadillas reales. A las cuatro de la mañana salí arrastrándome de la cama, cubierto de transpiración. "No aguanto más esta situación." Me quería morir, e hice un heroico esfuerzo por conseguirlo. Me paré contra la pared, y a la carrera me lancé contra la pared opuesta con la cabeza adelante. Reboté y caí al suelo como pude y volví a intentarlo, esta vez algo tambaleante, a arremeter contra la pared. Este segundo intento me dejó semi-inconsciente. Quedé tirado en el piso gimiendo débilmente, la cabeza hecha un remolino. "Me quiero morir...me quiero morir... ¡déjenme morir!", gritaba en forma insistente, al principio débilmente, pero luego cada vez más fuerte. Alrededor mío se hizo un charco de sangre, porque me sangraba la cara; me había cortado la boca.

Irónicamente mis gritos pidiendo morir fueron mi salvación. Otros pacientes en el mismo piso oyeron, y pidieron ayuda. Vino un médico que me dio una inyección con la que me hizo dormir. Una enfermera me trató las heridas. Al despertar al día siguiente, me vi con un médico y una silla de ruedas. Me ayudaron a sentarme en ella. Noté que la enfermera tenía un pequeño espejo en la mano.

"Mírate", me dijo el médico con voz irritada. Casi no podía creer lo que vi. Aparté rápidamente la mirada del espejo. "¡Dios mío! ¿Qué es lo que he hecho?". Incliné la cabeza sobre el hombro y lloré. Tenía la cara hecha una monstruosidad. Estaba completamente desfigurada; tenía hinchada y lacerada la nariz, la boca y la cabeza. El médico y la enfermera se fueron, y me dejaron con mis lágrimas y mi dolor, y entonces por primera vez le pedí ayuda a Dios. "Ayúdame, Dios mío… mira lo que me he hecho. Necesito tu ayuda." Antes que pasaran tres semanas me había olvidado de Dios y de mi escaramuza con la muerte. Abandoné el hospital, no con la intención de seguir alejado de las drogas, sino en busca justamente de ellas.

Abordaba a todos los drogadictos que iba encontrando en la calle, y les hacía la misma pregunta: "¿Dónde está Pancho? ¿Dónde está Rafael?". Nadie sabía decirme o no se atrevían a decirme. Pancho era el mejor vínculo que teníamos en el barrio para conseguir drogas. Rafael era casi tan bueno como él. Ahora los necesitaba. Al reintegrarme a la vida de la calle, después del periodo en el hospital, encontré malas noticias; cundía el pánico.

Se crea pánico cuando los encargados de la lucha contra el tráfico de narcóticos cumplen con su deber, resuelven arrestar a algún traficante de importancia, y al mismo tiempo confiscan una buena partida de narcóticos. Se acaban las provisiones de los usuarios, a los vendedores se les agotan las reservas, y el drogadicto se desespera por conseguir su dosis. Cuando hay pánico, todos se sienten afectados: el usuario que no consigue las tres, cuatro, cinco o seis bolsitas de droga a las que está habituado; los médicos y las droguerías porque acosados por la necesidad, los drogadictos roban, asaltan y hasta matan, con el objeto de obtener otras drogas que sustituyan lo que su organismo les exige; el ciudadano común a quien el drogadicto roba, asalta o apuñala porque está tan mal que es capaz de hacer cualquier cosa para conseguir dinero para afrontar los precios inflados de hasta 15 o 20 dólares por una dosis, siempre y cuando pueda conseguirla en esos momentos de escasez. Afortunadamente los traficantes son hábiles comerciantes, de manera que al poco tiempo los productos vuelven a circular abundantemente por todas partes, y el pánico desaparece.

Busqué a Pancho por todas partes. Yo sabía que si alguien disponía de unas bolsitas, ese alguien era él. Tenía instalado un buen negocio; la pequeña empresa consistía en él y su mujer. Él la inició en las drogas (la recuerdo cuando era una linda niña adolescente que vivía en el barrio, y que jamás se mezclaba en cuestiones dudosas), y luego la enseñó a conseguir dinero dedicándose a la prostitución. Todo el mundo sabía que había andado con prácticamente todos los drogadictos del barrio además de los demás hombres (incluyendo algunos de los casados) también. Mientras ella andaba en la calle, Pancho se quedada en la casa con los tres hijos. Pancho hubiera sido un buen ejemplo para las campañas de liberación de la mujer: lavaba los platos, y hacía, a su modo, la limpieza de la casa.

Cuando había pánico, hasta Pancho tenía que salir a la calle. Al fin lo encontré. "Eh, hombre, ¡qué vista para estos ojos cansados! ¿Tienes algo?", le pregunté. "¿Estás bromeando? ¿Dónde has estado, hombre?. No hay nada por aquí", me contestó. Hablamos sobre otras posibilidades, y sobre la posibilidad de asociarnos para mayor éxito. Pero entonces tuvimos una discusión. Él quería ir a Harlem para ver qué se conseguía, pero yo sabía que sus hijos estaban en la casa solos.

Me pareció que no debía dejarlos. "Tienes un niño pequeño allí, ¿sabes, Pancho? No puedes dejarlo así", le recordé. Me miró sorprendido y me dijo: "¿Qué te interesa a ti? El niño es mío, no tuyo. Puedo hacer lo que yo quiera... De cualquier modo, no es cuestión tuya". "Seré drogadicto, Pancho, pero por lo menos me queda un poco de sentimiento en este corazón de adicto."

Me sentía furioso y estaba tan sorprendido como Pancho que me interesara la suerte del niño. "Te has vuelto horriblemente santo en el hospital. ¿Qué te hicieron?", me preguntó Pancho, y seguidamente se alejó.

Me encaminé a su departamento, saqué al bebé, y lo llevé a casa. "¿Dónde robaste ese bebé?", fue la pregunta de una madre perpleja, que posiblemente se estaba preguntado qué nuevo estaría tramando. Le expliqué la situación. Ella misma lo bañó, le cambió los pañales (que evidentemente no le habían cambiado desde hacía varios días), y luego me convenció que debía llevarlo de vuelta a la casa de Pancho. Luego me arrepentí de haberlo devuelto. Pocos meses más tarde, mientras Pancho y su mujer andaban afuera comprando y vendiendo narcóticos, hubo un incendio en el departamento, y el bebé murió carbonizado.

Comúnmente, el drogadicto pocas veces manifiesta tener sentimientos hacia algo excepto hacia las drogas. Pero la muerte del hijito de Pancho me sacudió. Pasé días deambulando por la casa, pensando y sintiéndome culpable como si hubiera tenido que ver con su muerte. En los meses que siguieron a la prueba que pasé en el hospital me había "enviciado" nuevamente, pero evité las drogas por unos días con el fin de poder concurrir al entierro del bebé.

Pasado esto, necesité una dosis especial tal que me hiciese borrar de la mente las experiencias y sentimientos relacionados con la muerte del hijo de Pancho. Volví a casa, y mientras atravesaba la cocina camino a mi habitación, sorpresivamente mamá me detuvo, y colocó un pañuelo blanco sobre mi pecho. Me quedé asombrado. ¿A que venía esto? ¿Qué pretende hacer?, me pregunté. Mamá lloraba y oraba. "Gracias, Señor, por haber contestado mi oración. Coloco este pañuelo ungido sobre el cuerpo de Víctor con fe en la curación de mi hijo." Yo no podía hacer otra cosa que pensar y preguntarme por qué mi madre seguía orando por mí. Últimamente había prestado más atención cuando mi madre oraba y me predicaba, o trataba de convencerme. Comencé a mostrar mayor interés en el Dios que me enjuiciaba. Quizá fuera la solución para mí. Aunque no entendía de qué se trataba lo del pañuelo, me sentía conmovido. Mi madre realizaba estas acciones con tal intensidad que me hacía sentir algo extraño por dentro, pero no estaba en condiciones de interpretar mis propios sentimientos.

Fui a mi cuarto, vi a mi hermano Ricky, y le pregunté: "¿Qué significa este pañuelo que mamá me ha puesto sobre el pecho?". "Mamá fue a esa gran reunión al aire libre ayer, y el evangelista oró con la mano en el pañuelo y le dijo que te lo pusiera sobre el corazón como señal de su fe para que seas salvo", me explicó. Hice un movimiento con la cabeza que indicaba mi perplejidad y me acosté, pero me quedé con la mirada clavada en el cielo raso.

"Pobre mamá", pensé. "Es capaz de probar cualquier cosa." Sentía una mezcla de pesar y de respeto por ella. No podía concebir que orar sobre un pañuelo blanco pudiera tener algún efecto. Me parecía lo mismo que lo que había hecho yo: acudir a un espiritista y médium que intentó curarme con magia negra y vudú. Si la magia negra había fracasado, ¿qué esperanza había para la magia blanca?

9

NACIDO DE NUEVO

"He averiguado acerca de un nuevo programa de drogadictos al que puedes ir a buscar ayuda, Víctor." Mamá me dijo esto cierto día, con entusiasmo y esperanza en la voz. Se dio cuenta de que mi ánimo se estaba desgastando y que estaba a punto de capitular. Por fin todos los cambios que había experimentado me habían llevado a la conclusión de que debía hacer algo; cualquier cosa para librarme de la esclavitud en que me encontraba.

"¿Dónde es?", le pregunté. "Aquí mismo en Brooklyn." Un lugar que se llama *Teen Challenge* sería algún hospital especial para drogadictos. A las nueve de la mañana del día siguiente, mi madre me despertó, y me anunció que ella y papá me acompañarían al lugar del que habíamos hablado. Me levanté con desgano a la vez que me decía: "Tengo que drogarme primero. Necesito una inyección. No puedo entrar al subterráneo en este estado. Me siento mal". Mamá hizo todo lo que pudo para disuadirme, pero al final se dio por vencida. "Aquí tienes cinco dólares. Ve y haz lo que tienes que hacer, pero prométeme que volverás." "Volveré, te lo prometo, mamá; esta vez no te voy a fallar", agregué, mientras terminaba de vestirme. Ya me sentía entusiasmado ante la perspectiva de la inyección. Salí a la calle, compré rápidamente una bolsita, y volví al baño a inyectarme el brazo.

Ya estaba listo. Como siempre cuando tenía la dosis dentro, me sentía capaz de conquistar al mundo o por lo menos vencer el hábito. En realidad, el drogadicto está siempre en el mismo dilema: tiene que drogarse para poder pensar en abandonar el vicio. De modo que emplea la heroína para ponerse en las condiciones mentales necesarias para encarar al tratamiento. Naturalmente que proceder así no hace más que fijar el hábito.

En veinte minutos de subterráneo, llegamos a la parada correspondiente a la intersección de Clinton y Washington. Noté que el vecindario afuera era bastante similar al nuestro. Entramos en un edificio de dos pisos de ladrillos y una entrada con dos pilares blancos. Al entrar oí cantos. Traté de imaginarme donde me habían traído. Los cantos hacían pensar en una iglesia. "Esto no es un hospital", fue la conclusión a la que llegué. Un joven se acercó: "Hola, me llamo Mario; Dios te bendiga. Es un placer verte aquí".

Tan pronto como lo oí decir "Dios te bendiga" comprendí que no estaba en ninguna clínica médica, y que el joven no era ningún médico. "Esta es una iglesia; apuesto a que esta gente es una manada de santurrones. ¡Mamá me ha hecho caer en la trampa!" Ardía de rabia por dentro. "Pasa a la oficina", dijo Mario, mientras me llevaba firmemente antes de que tuviera tiempo de reaccionar. En la oficina, otra persona joven, vestida con una camisa deportiva, estaba sentada ante un escritorio. Tomé asiento y comencé a observarlo atentamente. "Me parece conocido", me dije. "¿Dónde pude haberlo visto?". Me dio la mano. Nos saludamos. "Dios te bendiga; ¿cómo te llamas?", preguntó. Se lo dije.

"Muy bien; yo soy Nicky Cruz". Se presentó y comenzó a explicarme cómo funcionaba el programa y en qué forma me podía curar yo. Luego empezó a predicar. No tuve otra alternativa que quedarme sentado donde estaba, mirando... con la mirada fija.

"Este tipo está loco", pensé. "No se parece a un pastor, pero habla exactamente como mi vieja. Debe ser uno de esos santurrones fanáticos. Analicé la situación, y me di por satisfecho considerando que todo estaba claro. Él seguía hablando y yo seguía analizando. Pero a mí se me acabó el análisis antes de que a él se la acabara la predicación, de modo que opté por escuchar.

Hablando con facilidad me dijo: "Tú crees que no te puedes curar; ya lo sé. Sé que eso es lo que estás pensando. Pero no es así. Hay un tratamiento positivo para el hábito de las drogas. Jesucristo es quien puede realizar la curación. Es el único que puede hacerlo. Olvida todo lo demás. Ninguna otra cosa da resultados. Probablemente ya lo sabes y si no, es hora de que lo sepas. ¿Estás desesperado? ¿Quieres ayuda sinceramente? El poder de Dios te puede cambiar". Hablaba con rapidez. "Pero si decides seguir este programa, no te podemos aceptar todavía." "¿Por qué no?". Me desconcertó esa afirmación. "Porque estás drogado; lo veo. Aquí tienes que entrar enfermo."

Esto no le entendí. ¿Cómo venir limpio? Entonces me dijo que debía abstenerme de la dosis por la mañana antes de volver al Centro. Eso no me gustó y me dije: "Si eso es lo que hay que pasar para poder acercarse a Dios, yo me despido". Tenía ganas de decir, "Cuélguelo en la pared, predicador", pero me guardé los sentimientos. No quería herir a mis padres. Nicky les hizo llegar el mensaje a ellos también. Fue una desilusión para ellos, pero prometieron que volveríamos al día siguiente. Yo no me explicaba cómo podía ser que viniera enfermo, pero asentí con la cabeza indicando que volvería.

El viaje de regreso resultó largo. Mis padres manifestaban su desilusión. Me hicieron prometer repetidas veces que volvería al

Centro. Para cumplir la promesa, me quedé en casa todo el día. A la mañana siguiente el dolor ya era agudo. "Mamá, no puedo volver allí sin una dosis de droga. No me interesa lo que haya dicho Cruz." Discutimos. Mi padre insistió en que mi madre no me diera el dinero.

"Si no me dan dinero, iré y lo conseguiré de alguna forma; ¡y tal vez no vuelva!", les dije con firmeza. Mamá me había visto en ese estado muchas veces, y sabía que no estaba fingiendo. Por fin mi padre consintió, y me alcanzó unos cuantos dólares. Compré dos bolsitas y con ellas volví inmediatamente a la normalidad. Mientras estábamos de camino a la avenida Clinton una vez más, mi madre expresó sus dudas de que me aceptaran estando drogado. Le aseguré que no habría problemas; que ni se darían cuenta.

Llegamos por la tarde. El centro se había convertido en un mundo de actividad. Nicky estaba vestido y a punto de salir. Me miró. "Estás drogado. ¿Qué te dije?". "Pues mire, hombre, me dijo que volviera y aquí estoy; ¿acaso no basta eso para convencerlo que quiero entrar?". No me contestó, pero llamó a los otros para que se apurasen. Dijo algo sobre tener que ir a Pittsburgh, Pensilvania, a un servicio especial de Kathryn Kuhlman.

Me quedé sentado, esperando y pensando qué decidiría con respecto a mi ingreso. Camino a la puerta, Nicky se detuvo, y me miró. Otro de los miembros del centro le sugirió a Nicky que me aceptara.

"Voy a infringir el reglamento, Víctor, para que puedas quedarte. Espero que te des cuenta de lo que estamos haciendo por ti. Espero que realmente estés desesperado por cambiar." Me palmeó por el hombro y salió. Me sentí aliviado. Antes de salir por la puerta, Nicky se volvió y dijo: "Larry, dale una cama a este muchacho". Me despedí de mis padres con un beso. Me sentía contento. Ellos también. Nos miramos y les sonreí. Ya hacía mucho tiempo que no había habido muestras de afecto entre nosotros. Por primera vez en muchos años, volví a sentir amor. En ese momento me di cuenta al fin de lo afortunado que era el tener padres que se preocupaban por mí, y jamás me abandonaron por desaliento. Me sentí emocionado al pensar en esto. Cuando se fueron no pude menos que llorar. Larry mi pidió que esperase en la sala mientras me preparaba la cama. Me entregó una Biblia. "Lee esto si quieres, mientras subo al otro piso", me dijo a modo de sugerencia. Abrí la Biblia y comencé a hojear sus páginas. No me decían nada. No eran más que palabra sobre papel. Estaba demasiado drogado como para ponerme a leer, y menos para entender. Comencé a cabecear. Luego me quedé dormido, con la cabeza apoyada en las páginas de la Palabra de Dios.

"Ya está lista tu cama", me anunció Larry. Me desperté, y me dirigí a la habitación que me habían asignado. Larry me presentó a los compañeros de habitación, Billy "Escopeta" y Felipe, este último un ex- drogadicto de Harlem. Ya había abandonado las drogas, y vivía en el Centro. La única cama disponible era una encima de la de Felipe.

"Dale la mía", le dijo Felipe a Larry. "Con seguridad que va a vomitar y no quiero que me llueva a mí", sonrió. "¿Dónde está el aparato de televisión?", pregunté, pensando que sería conveniente tener algo para ver, a fin de distraerme mientras aguantaba los efectos de la falta de la dosis habitual.

"Aquí no hay esos lujos", dijo Billy riendo. "¿Hay alguna enfermera aquí? Voy a estar bien enfermo. Voy a necesitar atención médica", les informé mientras me metía dentro de la cama. "No te va a faltar atención médica aquí, hermano." "La medicina se llama oración y la Biblia. Es todo lo que necesitas. El único médico que tenemos es uno que se llama Jesucristo." Era la voz de Felipe que hablaba desde la cama superior. "Ten confianza en Él, y te va a dar un tratamiento maravilloso. Así fue conmigo. Yo no creía nada cuando llegué aquí, pero lo que me ocurrió fue un milagro. Tienes que creerme; puede ser igual contigo."

Todo esto me parecía familiar, pero a la vez extraño. ¿Cómo podía ayudarme Dios? Desde luego que le ayudaba a mi madre, pero ella no era drogadicta. Larry salió, pero Billy y Felipe continuaron en el mismo tenor. Me relataron otros detalles de sus experiencias con Jesucristo. Se consideraban cristianos nuevos, me dijeron. Escuché con atención. ¿Sería una trampa? ¿Estarían estos tipos tratando de ganarse la confianza de Nicky, el predicador?

Ya había descubierto quién era Nicky. Me había enterado en su conversación cuando pertenecía a la pandilla de los "Mau Mau" en Brooklyn. Tuve algún contacto con esa pandilla cuando tuvimos refriegas con ellos estando yo en la pandilla de los Señores Romanos. Parecía ser sincero, pero en cuanto a estos drogadictos en mi habitación, no estaba seguro. "No se le puede tener confianza a un drogadicto", pensé, en base a mi propia experiencia. Por fin me dejaron dormir.

Alrededor de la una de la mañana, llegó el "tren de carga" (o tren del terror, como solíamos llamarlo). Me golpeó de plano. Comencé a sentir los estragos en el organismo. La piel se me llenó de manchas. A la ola de frío que sentía en el cuerpo, le siguió luego una ola de calor. Estas sensaciones venían y se iban alternadamente. Me retorcía, me doblaba, gemía de dolor en la cama. Maldije la hora en que había aceptado ingresar al Centro. A eso de las tres de la madrugada Larry vino a ver cómo andaba.

Cuando se dio cuenta de la situación, les pidió a mis compañeros de habitación que se levantaran. "Vamos a la capilla de la planta baja", propuso. "¿Qué vamos a hacer?", pregunté, mientras bajaba tambaleante las escaleras. Físicamente estaba hecho un desastre. Me hacía falta un corte de cabello. Parecía "un chicle que ha sido masticado hasta el cansancio", como se describió a sí mismo un drogadicto. Aquí me llevaban arrastrando en esa condición a la capilla. Luego me pidieron que me arrodillara para que ellos pudieran orar. "¡Orar! Así que para esto me han traído; para orar." Y no me quedó la menor duda. Oraron y oraron y siguieron orando. Oraban en turnos. Oraban en voz tan alta que me dije, "estos deben creer que Dios es sordo". Yo, en cambio, creía que estaba muerto. Ellos seguían orando, pero cuanto más oraban, más me enfermaba yo. Larry me pidió a mí que orase.

"Háblale al Señor", me dijo, casi como ordenándomelo. "Pídele con tus propios labios que te ayude." Tuve un momento de titubeo. En realidad, no quería hacerlo. Comencé diciendo: "Dios...Dios mío... Por favor...¡Ayúdame! Yo te lo ruego...Dios". Me parecía que mis palabras caían como gotas de agua helada.

Me desplomé sin fuerzas en el piso, sin siquiera poder levantar la voz. Ellos siguieron orando. Finalmente me ayudaron a volver a la habitación, y a meterme en la cama. Me pareció que habían pasado horas. Empecé a pensar en la puerta de salida. Me habían dicho que podía irme en el momento en que quisiera. Yo sabía que había un traficante de drogas a dos o tres cuadras. Consideré la posibilidad sin llegar a resolverme. Llegó el día y con él, algo de alivio. En el curso del día seguí conversando con mis compañeros de cuarto, alternado con momentos de cama, para tratar de dormir algo. Cuando no estaba en cama, caminaba por la habitación. Hasta levanté una Biblia en una oportunidad, y traté de leer algo.

Más tarde volvieron los dolores. Llegó nuevamente la noche. Los minutos parecían horas. Si hubiera podido hablar, mi sistema sanguíneo hubiese gritado: "¡Haz algo, necesito la dosis de droga!" Durante la segunda noche me dediqué a los juegos mentales. Me imaginé armando bloques de madera, colocándolos uno encima de otro. Me decía a mí mismo: "Si logro seguir poniéndolos así, al fin me dormiré". Así fue; me dormí por unos minutos. Luego desperté, mentalmente alargué la mano, y coloqué otro bloque en la pila. Justamente cuando pensé que había colocado el último bloque y que por fin me entregaba al sueño, un fuerte viento los tiró al suelo, y me despertó para afrontar la tortura de los dolores nuevamente. Ese juego mental era símbolo de mi propia vida.

Hice varios viajes al baño para vomitar. Había comido muy poco, pero lo que vomitaba era sangre, prácticamente. Me puse un abrigo para aliviar el frío que sentía.

Esa noche volvió a aparecer Larry. Colocó un colchón en el suelo al lado de mi cama. Oró y, luego de atenderme y acomodarme, se acostó sobre el colchón. Más tarde vino Nicky Cruz mismo, y también oró por mí. No podía entender por qué oraban tanto, especialmente teniendo en cuenta que no me parecía estar mejorando en absoluto, y al principio me irritaba. Pero cuanto más pensaba, más respeto sentía por ellos en razón de la atención que me estaban dedicando en mi necesidad. Llegué a la conclusión de que se trataba de gente sincera y buena.

A pesar de todo, esa misma mañana, temprano todavía, antes que saliera el sol, decidí abandonar el Centro. Antes de que este pensamiento tuviera tiempo de cobrar forma en mi mente, apareció Nicky listo para orar y predicar. "Víctor, tu problema no está en las drogas, ni en la aguja", comenzó. Sus palabras me cautivaron, especialmente estas: "Tu problema no está en las drogas. Eres un pecador. Necesitas que Jesús te perdone los pecados y entre a tu corazón, y te limpie completamente. No eres pecador por el hecho de que te inyectaras drogas; eres un drogadicto porque en primer término eres un pecador. Primero vino el pecado, luego el hábito de las drogas. El pecado es como un cáncer. En algunas personas se manifiesta de una forma; en otras, de otra forma. En tu caso las drogas no son más que producto del pecado. Es el fruto de un árbol corrupto. Apenas dejas entrar al Señor Jesús, Él te perdonará y te limpiará por dentro, y entonces las drogas desaparecerán automáticamente."

Esta vez ya no me estaba predicando en realidad, sino simplemente hablando cálida y tranquilamente. Siguió diciendo: "Esto es algo que nosotros no podemos hacer por ti. Podemos orar, por cierto. Pero hasta que tú mismo le pidas a Jesús personalmente, no serás limpio, ni libre de tu mal".

Por primera vez me hicieron efecto las palabras. Pero no del todo. "No estoy listo para esto todavía." Me parecía imposible que Dios quisiera transformar a un drogadicto completamente esclavizado por el vicio. Volví a meterme en la cama y me envolví completamente, procurando eludir la verdad de la situación. Volví a decidir que me iría más tarde. Sentía una sensación extraña al pensar en irme, después de todo lo que estaban tratando de hacer por mí.

Dos horas después reuní el coraje necesario para abandonar el Centro. Mentalmente analicé las razones que justificaban mi decisión. Hace tres días que no duermo. He vomitado todo lo que he intentado comer; tengo todo el cuerpo adolorido, y siento frágiles los huesos. Setenta y dos horas de sufrimiento es excesivo para cualquier persona. No cabe duda; tengo sobradas razones para querer irme. Más aún, ni siquiera Dios hizo algo por mí como me lo habían prometido. Encontré argumentos que me resultaron convincentes.

Al llegar abajo, tuve que descansar en un banco en la sala porque me sentía débil y exhausto. La puerta parecía grande ante mis ojos. Del otro lado estaban las calles, el subterráneo, mi barrio y una deliciosa bolsita de heroína. Ya lo sentía como algo real. Con solo pensar en ella me sentía más fuerte. Poco a poco, fui acercándome a la puerta aprovechando un momento en que nadie me observaba. No quería tener que escuchar otro sermón o tener que discutir con otro Pastor. Llegué a la puerta, y extendí la mano para abrirla. En ese momento oí una voz que desde adentro me llamaba:

"Víctor, Víctor." Me di vuelta y me encontré con Felipe, que venía corriendo hacia mí. "Espera, hombre; no te rindas tan pronto. Mira, has estado aquí dos, casi tres días."

Mientras hablaba, me fue llevando nuevamente hasta el banco. Un nuevo rostro me saludó en ese momento. Después me enteré de que se trataba de Donald Wilkerson, hermano de David Wilkerson, el fundador del Centro. Donald colaboraba en el Centro. Entre él y Felipe me rodearon como a un prisionero. Me di cuenta de que estaban tratando de impedir que me fuera. Comencé a sentir algo extraño. El corazón me latía fuertemente. Repentinamente empecé a sentir mala conciencia ante la idea de abandonar el Centro. Comencé a sentirme culpable por el hecho mismo de ser drogadicto. No podía entender lo que me estaba pasando. No eran los síntomas habituales que produce la falta de la droga. Pensé en Dios y lloré. Me levanté, y me encaminé hacia la capilla. Una vez dentro, me dirigí hacia el centro de la sala, y me puse de rodillas. Lo que sentía interiormente me llevó mecánicamente a invocar a Dios.

Las palabras de una oración comenzaron a brotar como atraídas por un imán. Busque liberación mediante la oración. En un torbellino de emoción me salieron en alta voz las palabras: "¡Oh Dios! ¡Dios mío! Si puedes transformar a un vil drogadicto como yo, ahora te pido que lo hagas. Te lo pido desde el fondo de mi alma. Te ruego que me perdones, toma posesión de mi vida y hazme un hombre nuevo. Líbrame de este terrible vicio de las drogas." Aquel fue mi momento de encuentro con Dios. Si Dios era Dios, si realmente tenía poder, si en verdad existía realmente, yo ponía en este momento de encuentro todo de mi parte para humillarme delante de Él y entregarme a merced de su misericordia. Sentí que necesitaba de Dios.

De algún modo comprendí intuitivamente que era la única esperanza que me quedaba. Mi vida pasada pasó delante de mí velozmente. Vi la fiesta: donde fumé marihuana por primera vez; vi la jeringa para las inyecciones en la vena y los crímenes que había cometido. Vi los hospitales, las cárceles, las escenas desagradables en casa. Lloré como un niño al recordar mis pecados y miserias. "No permitas que siga viviendo como un animal. Te lo ruego, Jesús." Por primera vez utilicé el nombre del hijo de Dios. "Tómame con tu inmenso poder y transfórmame en un ser nuevo." Las palabras salían con más facilidad ahora, y paralelamente me iba llenando de fe y esperanza. Dios ya no era un ser lejano o muerto. Estaba aquí ahora, y paralelamente me iba llenando de fe y esperanza. Los temblores corporales desaparecieron, las manos ya no me temblaban tampoco. Elevé los brazos al cielo, y comencé a darle gracias al Señor Jesús por haberme salvado.

En seguida se llenó la capilla. El ruido de mis oraciones, las vibraciones de mi alabanza fueron oídas en los otros pisos del edificio, y acudieron otros a ampararse bajo la misma nube de la presencia de Dios. Los que ya habían experimentado lo que yo estaba experimentando en esos momentos comprendían que mediante la oración había conseguido la Victoria.

Cuarenta y cinco minutos más tarde me encontraba nuevamente en mi habitación durmiendo profundamente; el primer descanso verdadero en más de setenta y dos horas. Ocho horas después desperté a la realidad de un nuevo día, y de una nueva vida. En ese momento no conocía la expresión, pero sabía que había "nacido de nuevo". El Víctor de antes, el pecador, drogadicto, estaba sepultado en la capilla. El Víctor nuevo afirmaba sus pies en el suelo, calzado, vestido y protegido con el traje del evangelio de la paz.

Después de desayunar y comer (comida que tenía sabor a comida), y que ahora podía retener, Nicky Cruz se acercó, y me preguntó cómo me encontraba.

"Como nuevo", le respondí con una sonrisa de oreja a oreja.

10

EL ESPÍRITU

En los días subsiguientes, fui recuperando gradualmente la salud. Las papilas gustativas volvieron a funcionar, y los alimentos recobraron su gusto, de modo que volví a disfrutarlos más bien que a tolerarlos solamente.

Pero la sensación más grande fue, sin embargo, la de sentirme libre del deseo de drogarme. Se había esfumado entera y totalmente. Estaba convencido de que debía ser obra de Dios semejante milagro. En un lapso de veinticuatro horas me había transformado en una persona con verdadera vida, con sentimientos de amor, y hasta sensibilidad, luego de haber llevado una existencia animal, enloquecido por las drogas.

Entré a formar parte de la familia de Dios. Era época de verano, y muchos estudiantes universitarios y de escuelas bíblicas formaban parte de los grupos que se dedicaban a dar testimonio cristiano en los lugares abiertos. Algunos vivían en el Centro de Rehabilitación.

En esa época no había programas especiales independientes para los drogadictos convertidos y los integrantes de pandillas callejeras, de modo que los juntábamos en las calles durante las campañas o actos de testimonio. Esto en sí mismo constituía un pequeño milagro. Yo era converso reciente y sin experiencia, rescatado del mundo de las drogas, y me encontraba recorriendo las mismas calles, entrando en contacto con la misma gente que me había impulsado por el camino de las drogas, pero Dios me guardó.

Otra cosa que hizo Dios por mí fue librarme del vicio del cigarrillo. Fumaba entre tres y cuatro paquetes por día. En realidad, estaba más esclavizado por el tabaco que por la heroína. Yo ofrecía el cuadro típico del drogadicto, parado en la esquina, cabeceando bajo la influencia de las drogas, invariablemente con un cigarrillo entre los dedos. Fumaba cada cigarrillo hasta acabarlo, igual que los fumadores de marihuana que le sacan más gusto a la última parte. Tenía los dedos amarillentos, y muchas partes del cuerpo con las cicatrices de las quemaduras producidas cuando me quedaba dormido mientras fumaba, y me despertaba el pequeño fuego sin llama.

Dios eliminó todo. Tenía la mente demasiado llena de cosas nuevas, emocionantes limpias y frescas, como para necesitar apaciguadores falsos. Desde entonces me he sentido agradecido por la victoria sobre el cigarrillo, especialmente cuando veo como luchan otros para vencer el vicio.

Aprendí muy pronto que la vida cristiana no consiste en abandonar cosas o en suprimir ciertos vicios. Consiste más bien en crecer, aprender, sentir, conocer, experimentar.

Aprendí a tenerle respeto a Nicky Cruz a medida que me iba ayudando en las etapas de mi crecimiento. Lo tomé come modelo. Reconocí en él a un hombre de Dios. Nadie en el Centro podía engañarlo. En la capilla nos decía "los ángeles de Dios tienen un telescopio y están observando constantemente, estudiando a cada uno. No hay que ser falsos, ni debemos tratar de engañar a Dios. Al final siempre sale al revés". Nicky nos comprendía. Sus mensajes nos llegaban.

Después de haber estado en el Centro unas dos semanas, Nicky me dijo: "¿No quieres trasladarte al campo en Pensilvania donde tenemos un programa especial para la preparación de obreros?". Con la instrucción cuidadosa que estaba recibiendo me sentía preparado para ir.

Mingo, un amigo mío del barrio, también fue elegido para ir al mismo tiempo. Él también vivía en la calle Powell. Un día cuando me estaba buscando, fue hasta mi casa, mi padre le contó lo que Cristo había hecho por mí, y luego le dio un tratado evangélico con la dirección de *Teen Challenge Center*. Mingo me vino a visitar, entregó su corazón a Cristo, y se incorporó al programa.

En compañía de Mario, Larry, Nicky y Mingo, emprendimos el viaje a las montañas de Pensilvania por el túnel de Holland. Mientras viajábamos por la ruta 22, con sus paisajes totalmente nuevos y asombrosos para mí, cantábamos un coro que dice: "No hay Dios tan grande como tú". Al contemplar la hermosura y la atmósfera de libertad del campo, me di cuenta de la medida en que había vivido como prisionero, no solo de las drogas, sino también de la jungla de asfalto. No conocía otra cosa. Ahora Dios me daba la oportunidad de contemplar la obra de sus manos.

Tres horas más tarde comenzamos a subir la ladera del "Monte de Dios", la pequeña montaña donde se encontraba el Centro de Rehabilitación. Lo había iniciado en 1962 David Wilkerson, con el fin de proporcionar un lugar adecuado para los drogadictos que habían sido rescatados en la ciudad, pero que necesitaban de la atmósfera de paz que ofrece el campo para adelantar en la vida cristiana.

Una vez allí, Nicky me encomendó al cuidado de un nuevo padre espiritual, el reverendo Frank Reynolds, director del Centro. Con el pasar de los meses aprendí a amarlo y respetarlo en la misma forma que a Nicky. En la granja me uní a otros veinte muchachos de la ciudad que estaban allí. Como yo, ellos también habían aceptado al Señor. Una vez que me hubieron asignado una habitación y había conocido a mis compañeros de cuarto, salí a dar una vuelta, explorando el bosque, los campos, el establo. Mientras caminaba, iba haciendo un análisis de la situación. En dos semanas las cosas habían cambiado en forma drástica. Antes aspiraba heroína por la nariz. Ahora, me llenaba los pulmones de aire puro. Subí al punto más alto y al contemplar el verdor, lo comparé con Brownsville, Brooklyn y la calle Powell, y lloré de alegría.

El culto en la capilla era el momento favorito del día para mí. Pero había mucho que hacer, además. Conseguir que un drogadicto trabaje en algo que no sea una trampa para obtener algo, constituye por sí mismo un acto de poder divino. Me pusieron a trabajar en el establo cuidando las vacas. Mi compañero de cuarto, Ángel, me pidió que lo acompañara al establo el día que tuvo que comenzar a trabajar. Yo tenía que empezar al día siguiente. El hermano Gray Bill, propietario de la granja, le dijo: "Ángel, toma este balde y la esponja, y lava la vaca antes que te enseñemos a ordeñarla". Ángel me miró y me dijo: "¿Ordeñar la vaca? ¿Y lavarla para qué?".

"Vamos chico. ¿Qué te pasa? Haz lo que te dijo el hombre", le dije yo para entusiasmarlo. Pero contento de que no era a mí que me tocaba hacerlo. Se quedó inmóvil. "Anda, ¿qué esperas? La vaca no te va a morder." Seguí animando a ese indeciso muchacho de la ciudad convertido en granjero. Esponja en mano comenzó al fin a lavarle la cara a la vaca.

"¿Por qué tengo que limpiarle la cara a esta vaca estúpida?", preguntó, con una expresión que indicaba que él se sentía estúpido. Con la ayuda del hermano Gray Bill comenzó su aprendizaje como peón de granja. Al día siguiente yo también me agregué a los obreros.

Todos los días aprendía algo nuevo, tanto dentro como fuera del establo. Dios había comenzado a realizar la cura total del hombre total en mi persona. Cuanto más recibía, tanto más deseaba. En el transcurso de un servicio vespertino en la capilla, un predicador visitante, un caballero de blancas canas, nos habló sobre el bautismo en el Espíritu Santo. Había oído a algunos de los miembros del personal y a algunos compañeros también, hablar en otras lenguas mientras oraban y adoraban al Señor. Yo no comprendía esto, pero a medida que el orador hablaba se me aclaró el significado. Me sentí aguijoneado por la curiosidad.

Pedí en oración que me ocurriese esto a mí también. A veces me quedaba en la capilla varias horas buscando el rostro del Señor, para que me llenara con su Espíritu de poder y amor de un modo nuevo. Otras veces siete u ocho de los internados nos juntábamos en alguna de las habitaciones para orar hasta altas horas de la noche. En una de las mencionadas ocasiones, mi amigo Mingo recibió el Espíritu Santo. Me sentía contento y a la vez frustrado. Le pregunté al Señor: "¿Por qué es que si Mingo recibió la salvación después que yo, ha recibido su bautismo antes que yo? Me corresponde a mi primero". Con esto aumentó mi deseo de recibir el bautismo.

Pocas semanas más tarde, otro predicador visitante volvió a hablar sobre el mismo tema. Mientras predicaba acerca del "Poder Pentecostal, este gran poder antiguo del fuego de Pentecostés", me embargó la emoción. El predicador comenzó a cantar un himno sobre el tema. "Dios está restituyendo, este gran Pentecostés, y el Espíritu sus dones, nos reparte otra vez. Dios, manda tu gran poder, Dios, manda tu gran poder a cada corazón."

Cuando llegó al final del himno yo me sentía como elevado veinte centímetros del asiento y más cerca del Señor. El predicador bajó de la plataforma, me señaló y me dijo: "Hermano: vas a recibir el bautismo del Espíritu Santo". Era todo lo que necesitaba para dar rienda suelta a mi fe. Saltó el tapón y ríos de agua viva fluyeron de lo más profundo de mi ser. Algo se posesionó de mi persona. Sentí como si hubiera salido del mundo por unos momentos. Yo sabía dónde estaba y, sin embargo, sabía que estaba en contacto con otro mundo. Luego hablé en otras lenguas.

Mientras alababa al Señor en esta nueva lengua, Dios me dio una visión. Si fue mental o visual yo no lo sé, ni me interesa, porque el efecto y la realidad del hecho se mantendrían invariablemente. Una enorme nube se posó sobre un campo de trigo. Había una persona en medio de la nube. Yo no podía verle el rostro. Había gente adorando al que estaba en el centro. Luego vi que la nube subió al cielo, y se desapareció. Tenía conciencia de que había experimentado la proximidad de la presencia del Señor Jesús como nunca. "Si este es el gozo que nos toca aquí abajo", pensé, "cuando el Espíritu hace que Jesús se convierta en algo real, ¿cómo ha de ser la plena realidad en el cielo?".

El estar lleno del Espíritu Santo me afectó en diversas formas. Anuló mi temor que sentía de hablar a otros acerca de Cristo; me liberó de una especie de esclavitud psicológica. No tenía temor de testificar o hablar personalmente a otros individuos sobre lo que el Señor había hecho por mí, ni sobre lo que podía hacer por ellos. El hermano Reynolds me invitó a dar testimonio en la reunión de fin de clases en un colegio secundario.

Ni siquiera los 1,500 rostros que me miraban pudieron hacerme flaquear. Sentía un fuego ardiente dentro de mí. Las palabras fluían como si surgieran de una fuente viva interior. Incluso cometí el error de no detener la fuente a tiempo. Comencé a contarles a los estudiantes acerca del bautismo del Espíritu Santo y el hablar en lenguas. Finalmente, el hermano Reynolds me tiró de la chaqueta. Me sentía turbado, pero al mismo tiempo contento, cuando terminé diciéndole a todo el mundo que "¡Jesús vive!"

Poco después, recibí una llamada telefónica de mis padres, y les expliqué lo del bautismo del Espíritu Santo. No le di a esta experiencia más importancia que a la salvación; pero para alguien que ha vivido a base de drogas buena parte de su vida, el bautismo en Él me mostró que se podía tener una experiencia de Cristo en forma dramática, eufórica, y al mismo tiempo gloriosa, al tiempo que se aprende a vivir una vida de dedicación, disciplina y verdad. Desde entonces, he aprendido que lo más importante para el cristiano es andar la vida de obediencia, siguiendo las enseñanzas de Cristo. Pero hay momentos de elevación espiritual también. Algunos cristianos creen que no necesitan ser llenos del Espíritu Santo, o que esa no es la voluntad de Dios en el caso de ellos, y yo respeto su opinión.

Pero yo le doy gracias a Dios en primer lugar por mi salvación, y la liberación del poder del pecado, el que, naturalmente, incluía las drogas. Luego, estoy agradecido de que el Espíritu haya visto mi necesidad íntima, y me haya dado una manifestación de su poder. Era lo que faltaba para completar el adorno de la torta.

11

TENTADO Y PROBADO

Era hora de bajar del monte. Llevaba tres meses en el "Monte de Dios", en el Centro de Rehabilitación. Fueron tres meses de vivir experiencias de la cumbre, hablando espiritualmente. Ahora quería visitar a mi gente en Brownsville, en la ciudad, y también probar mis alas espirituales en el abismo del diablo.

"Sería mejor que esperaras, Víctor", me advirtió el reverendo Reynolds, "hasta que estés seguro de que estás preparado. Ten presente que el diablo perdió un buen obrero cuando Jesús te rescató; no te va a dejar escapar sin luchar".

"Creo que ya estoy listo", le contesté con seguridad. "Bueno, ve entonces, pero no te olvides de estar a solas con Dios y pedirle que te mande ese 'ángel protector' especial para que acompañe." Estas fueron sus últimas instrucciones al concederme permiso para salir por el fin de semana.

Era primavera. Salí del subterráneo en Brownsville; parecía otro mundo. Tres meses atrás era todo lo que conocía. Ahora constituía un capítulo del pasado. Caminaba por las calles principales, y me reconfortaba el pensamiento de que la vida ofrecía otras cosas además del guetto de Brooklyn y de las bolsitas diarias de heroína. Me acerqué con confianza a la casa de departamentos donde vivíamos. "Gracias a Dios que no se trata más que de una visita", me dije al observar las calles llenas de basura. La gente vivía en casas de pared a pared, y la conocida mezcla de ruido y olor desagradable. Anteriormente, no tenía nada con qué comparar la calle Powell y el guetto.

Ahora sabía que la vida podía ser diferente y mejor; ahora podía comparar. Llegué a la conclusión de que me gustaba Pensilvania, el pastel de manzanas, y Norteamérica.

Volví a la realidad súbitamente al ver a Carlitos. "Hace mucho que no te veo", le dije, al tiempo que nos palmeamos en el hombro. "¿Cómo te va? Te ves muy bien, chico", comentó Carlitos, mirándome el traje y los zapatos nuevos. "¿Qué te ha pasado?".

"Soy diferente ahora, Carlitos, se acabaron las drogas para mí. Estoy con Dios ahora. Jesucristo me ha cambiado la vida." Hablaba con decisión, pero sintiéndome extraño al principio, al tener que hablarle sobre el Señor a un viejo amigo de la calle por primera vez. Me miró con desconfianza, y por un momento no dijo nada.

"Debes estar bromeando, chico", dijo finalmente, riendo. "Bien sabes que te gustaría una dosis. No puedo creer que Víctor Torres me esté diciendo esto. Tú no, chico; ¡cualquiera menos tú! Te apuesto a que te inyectarías de inmediato si te pusiera un poco de heroína en la mano. Desde que te fuiste ha andado circulando una heroína barata por estos lados."

"No. Estoy limpio; yo no necesito eso en absoluto. He conseguido paz y tranquilidad de otra forma." Traté de convencerlo de que hablaba en serio, y que no se trataba de algún tipo de broma.

"Hombre, ¿por qué no te drogas? Ya sabes que los dos podemos arreglarnos con una sola bolsa. Te aseguro que es de excelente calidad, Víctor."

Cuanto más hablaba, más débil me sentía yo. Sí, claro que recordaba lo que se siente con una dosis de heroína. Claro, la sensación es tremenda, no podía menos que admitirlo. Las palabras de Carlitos comenzaban a hacer su efecto en mi ánimo. Tal vez estaba perdiendo una buena oportunidad.

El momento en que empecé a pensar en esos términos y dejarme tentar, el diablo se presentó como un relámpago y me dijo: "No creo que una sola inyección moderada te pueda hacer daño. No te va a hacer nada". Carlitos me hizo señas para que lo siguiera. Como si estuviera aturdido, lo acompañé. "¿Tienes con qué pagar?", me preguntó. "Ah sí, tengo cinco dólares", le respondí.

"Bueno, ¿qué estamos esperando?", dijo apresurando el paso. A una cuadra y media entramos a la sala de una casa de departamentos que me resultaba conocida. "Dame el dinero", dijo Carlitos. No me moví.

"No te preocupes, Víctor. Yo sé cómo te sientes. Pero al segundo de tener esa magia blanca en las venas, todas las preocupaciones y temores desaparecerán." Carlitos vio que no me decidía y se tomó el tiempo necesario para infundirme confianza. Me seguía hablando, pero yo no lo escuchaba. Estaba pensando en cómo hacer después para esconder el hecho. ¿Cómo iba a poder ocultarlo de mis padres? Y si en lugar de ir a casa volvía al Centro, había demasiados ex drogadictos de quienes tendría que ocultarme. Se darían cuenta inmediatamente. ¿Qué hacer?

Luego se me ocurrió una idea. Igual que en los viejos tiempos. Cuando necesitaba algún plan para esconder la verdad, para encubrir el crimen, parecía acudir en mi ayuda una súper inteligencia.

"Inyéctate la heroína y luego ve a dormir a algún sótano hasta que se pase el efecto. A la mañana siguiente ve a casa y diles a tus padres que te quedaste en el Centro." Parecía un plan excelente. Nadie se enteraría. Ahora solo restaba pasarle el dinero al vendedor. "¿Quieren comprar?", preguntó. "¡Chico! Justamente el hombre que andábamos necesitando." A Carlitos se le iluminó el rostro al ver al hombre con las bolsitas.

Me sacudió el brazo, indicándome que sacara el dinero, metí la mano en el bolsillo derecho y palpé el billete. Al tocarlo sentí repentinamente como que algo andaba mal. El puño con el dinero se me quedó metido en el bolsillo. Una voz interior me habló claramente: "No...no, esto está mal. No. Víctor, no compres esas drogas... ¡Escapa en el acto!"

Inmediatamente reconocía la obra del Espíritu Santo. Así había ocurrido muchas veces durante los tres meses de mi conversión a Cristo: cada vez que me salía del camino, venía el Espíritu a "convencerme del pecado". En esta ocasión la voz fue tan clara y nítida como en las otras oportunidades anteriores. Me vinieron a la mente los momentos de ese glorioso encuentro con Cristo en el piso de la capilla en el Centro de Brooklyn, del momento en que fui lleno del Espíritu en el Centro de Rehabilitación, de las muchas otras bendiciones que había disfrutado en esta nueva vida. Todo esto pasó por mi mente como un rayo en un instante, mientras Carlitos esperaba ansiosamente que le entregase los cinco dólares.

Me vino a la memoria un versículo de la Escritura: "Si el Hijo os libertare, seréis verdaderamente libres". Reconociendo la verdad de estas palabras, incliné la cabeza y la moví repetidamente en señal de negativa. En voz alta dije: "No...no, no. No puedo hacer esto. Satanás, no me vas a atrapar de nuevo... ¡Soy libre!" "¿Qué le pasa a este tipo?", le preguntó el traficante a Carlitos.

"No estoy seguro, pero lo encuentro algo extraño desde que me encontré con él. Se ha unido a alguna institución religiosa, y creo que le deben haber lavado el cerebro. Ya no es normal."

A la vista de los dos, comencé a caminar hacia la puerta, luego corrí en dirección a casa. "Gracias, Jesús", repetí a viva voz varias veces. El estado de estupor se desvaneció y recuperé la lucidez. Al subir las escaleras del departamento de mis padres, llevaba alta la cabeza. Era consciente de que acababa de obtener la victoria más grande de mi nueva y breve vida cristiana. Si hasta entonces abrigaba alguna duda sobre el poder de Dios, y su poder para guardarme, desapareció en este momento. Me demostró su poder justamente donde más lo necesitaba. Es decir, en el calor de la batalla, frente al peligro y la tentación. El Señor me enseñó mediante la experiencia personal que *"mayor es el que está en vosotros, que el que está en el mundo"*. (1 Juan 4:4) Fue una lección que jamás habría de olvidar.

En casa les relaté a los míos lo que acababa de ocurrirme. Allí mismo nos pusimos de rodillas, y celebramos un culto de oración y alabanza. Luego celebramos el hecho de mi curación, y el regreso del hijo de los Torres, que había muerto, pero volvía vivo.

Al terminar esta visita tan cargada de emociones, resolví que no le daría oportunidad a la tentación ni a Satanás quedándome en el barrio mucho tiempo. Nos habían enseñado que, si bien el Señor no nos había dado *"espíritu de cobardía, sino de poder, de amor y de dominio propio"*. (2 Timoteo 1:7) al mismo tiempo debíamos reconocer que el diablo tiene poderes para el mal, y que por lo tanto no debíamos dar *"lugar al diablo"*. (Véase Efesios 4:27)

Recordé esta enseñanza y volví al Centro esa misma noche para esperar el viaje de regreso a Pensilvania, con el fin de continuar mi formación cristiana.

El lunes siguiente, estando ya de regreso en el "Monte de Dios", sentí como si el Señor me hubiese ayudado a aprobar los exámenes finales del primer semestre. Estaba listo para continuar con lecciones más profundas y difíciles.

12

LA SEÑORITA DE MÉXICO

"Víctor, ¿te gustaría trabajar para *Teen Challenge* en Boston, el próximo verano?", me preguntó David Wilkerson. Le dije que sí.

Con seis meses de vida cristiana en mi ser, me ocurrió lo que a muchos creyentes nuevos y entusiastas: tenía que resolver que habría de hacer en el futuro. Me encantaba la vida en la granja y en el Centro de Rehabilitación, pero me acometió el fuerte sentido de la necesidad de ponerme en acción. Constantemente se nos alertaba sobre el peligro de pretender "adelantarnos" a Dios, sobre la necesidad de completar la formación de un fundamento firme para el andar cristiano, sobre la posibilidad de que quisiéramos salir demasiado pronto, y fuéramos a caer nuevamente en las garras de las drogas. Ya había sido testigo de esta tragedia en demasiados casos mientras estuve en el Centro.

También me daba cuenta de que debía evitar "engancharme" con el programa del *Teen Challenge*. Al drogadicto (aunque después he descubierto que a los demás también les ocurre) le resulta difícil hacer cambios. Si encontramos seguridad en algún lugar o algún trabajo, nos gusta la idea de quedarnos allí por temor a un nuevo desafío, a las caras nuevas, los lugares nuevos, las responsabilidades nuevas. Con frecuencia cantaba en la capilla las palabras de la canción que dice así: "Iré a dónde quieres que vaya, Señor; haré lo que quieras que haga". Había llegado ahora el momento de poner en práctica las palabras expresadas.

Me despedí del hermano Reynolds y de todo el personal, y partí hacia Boston. Pasé por Nueva York y hablé con Nicky. "Creo que tendrás que ir a una escuela bíblica. David y yo te conseguiremos el dinero para la matrícula y los gastos. Quiero que te prepares para comenzar en septiembre", agregó, como si se tratara de cosa resuelta, y sin pedirme opinión. Pero así era Nicky. Si le parecía que algo era de Dios no andaba con vueltas. Había aprendido a dirigir la pandilla con autoridad; y cuando estaba convencido de que conocía la voluntad del Señor, procedía con autoridad ahora también.

"No estoy seguro, Nicky. Oraré y te contestaré", le dije. "Ya te he conseguido trescientos dólares", como si para mí, el futuro ya estuviera decidido.

Resolví postergar la decisión hasta haber pasado algún tiempo trabajando en Boston. Me agradaba la idea de pasar el verano en otra parte, y de dedicarme al mismo tiempo a una obra que recién se estaba iniciando. Como el Centro era nuevo, los pastores y otros obreros cristianos que tenían alguna parte de las actividades dependían en buena medida de los convertidos en la calle, para ayudar a hacer los contactos con los que estaban vinculados a las drogas. Nosotros sabíamos cómo piensa el drogadicto, cómo vive y, fundamentalmente, dónde encontrarlo. Además, constituíamos la prueba acabada de la realidad del evangelio.

Me daba placer compartir con otros mi fe, y comprobar que otros también recibían ayuda. Me sentía "alguien". Tras años de frustración y fracasos, de ser una carga para la sociedad, motivo de dolor para mis padres, y una carga económica para el contribuyente, ahora estaba en situación de poder aportar algo no solo al reino de Dios, sino también para la sociedad y los hombres en general. Constituía una manera de devolver en pequeña escala al Señor y a otros por mi proceder en el pasado.

Al cabo de varias semanas de dar testimonio en las calles, de testificar en iglesias, clubes cívicos, colegios, y por radio y televisión, comprobé que Nicky Cruz tenía razón. Debía asistir a una escuela bíblica para prepararme para el ministerio cristiano.

Recuerdo lo que David Wilkerson le dijo en cierta ocasión a una congregación de plácidos cristianos de la clase media. "Si ustedes no aceptan el desafío de salir y contarle a esa gente fuera de la iglesia lo que Cristo puede hacer, el Señor tendrá que salir a las calles, a las guaridas de los drogadictos, a los lugares de reunión de los hippies, y a la jungla de asfalto, para tomar de allí algún miembro de una pandilla, algún drogadicto, a alguna prostituta, para que ellos lo hagan."

Mientras me dedicaba al ministerio callejero comprendí que yo estaba justamente dando cumplimiento a esa profecía. No tenía mucho conocimiento bíblico y mi inglés era bastante pobre e inculto, pero dentro de mí había algo real. No necesitaba que me dieran cuerda para trabajar o testificar para el Señor; me salía en forma enteramente natural. Nadie tuvo que enseñarme algún cursillo especial sobre cómo ganar almas. El deseo lo tenía, y la capacidad para hacerlo me fue dada al ir "por los caminos y vallados" contándole a la gente acerca de Jesús.

Cuando llegó el mes de agosto, yo ya estaba listo para ir a la escuela bíblica. Si bien el trabajo durante el verano fue una gran experiencia, me encontraba espiritualmente exhausto. Sabía también que no podía seguir limitándome a relatar mi caso y a dar testimonio de cómo fui liberado de las drogas. Tenía que conocer la Biblia: cómo vino al hombre el plan completo de salvación, desde Génesis hasta el Apocalipsis; cómo nació la Iglesia; y muchas otras cosas. Tenía que aprender a "usar bien la Palabra de verdad", y a ser un buen obrero *"que no tiene de qué avergonzarse".* (2 Timoteo 2:15)

Trabajando en el Centro tuve la oportunidad de acompañar al personal en viajes de predicación, y en esos casos yo daba mi testimonio. Recuerdo un servicio en Fort Wayne, Indiana, en el tabernáculo evangélico de una Iglesia Alianza Cristiana Misionera. Se trataba de un servicio juvenil en el que había alrededor de ochocientas personas.

Después del servicio me encontraba en el fondo saludando a la gente, cuando se acercó un hombre con una mujer y una señorita. "Hola; mi nombre es señora Ender", dijo la mujer. "Este es mi esposo y nuestra hija. Queríamos decirle que nos gustó mucho su testimonio." Se lo agradecí.

Luego habló el esposo y dijo: "Gloria a Dios, Víctor. Mientras usted hablaba me vino un pensamiento. En relación con sus necesidades, sus necesidades personales, me refiero. Mencionó que piensa ir a una escuela bíblica en el otoño". "Sí. Así es", respondí; "¿Y tiene el dinero necesario?", me preguntó. "Sí, para el primer año, sí." "Ah, queríamos saber porque estamos dispuestos a ayudarle si necesita", comentó el señor Snyder.

Inmediatamente me acordé de las necesidades de otra persona y le dije: "Pero en cambio puede ayudar a mi amigo en el Centro. Hasta ahora no tiene ayuda". Estaba pensando en Eddie, uno de mis amigos del barrio. Ante esta sugerencia, se les iluminó el rostro. "¡Claro que sí!", contestaron. Con mucho gusto ayudaremos a su amigo. Dígale que nos escriba.

Tenía impaciencia por volver al Centro para contarle a Eddie la noticia. Antes de que pudiera comunicarme con él me dieron la mala noticia: "Eddie se ha ido", me dijeron. "¡Oh, no, Dios mío!" Se me hizo un nudo en la garganta. De inmediato partí con destino a mi viejo barrio a buscarlo. Me encontré con varios de los drogadictos del barrio, y me contaron lo que ya sospechaba: andaba drogado nuevamente.

Les escribí a los Snyder, y les conté la triste noticia. Para mi gran sorpresa, me contestaron que estaban dispuestos a costear mis estudios durante el segundo y tercer año.

Las bendiciones de que estaba siendo objeto tan pronto en mi vida cristiana eran superiores a lo que hubiera podido imaginar. El Señor me había salvado, me había dado la plenitud del Espíritu Santo, me había dado la posibilidad de presentarme ante grandes auditorios de jóvenes y adultos para hablar sobre la gracia de Dios, y ahora me acababa de asegurar tres años de estudios en la escuela bíblica antes, incluso, de que comenzara los estudios. Además, me concedió, en la familia de los Snyder, padres espirituales que oraban por mí y me alentaban. Hubiera sido difícil pedir más. No pude menos que cantar constantemente: "Cada día con Cristo es más dulce que el anterior".

"California, aquí vengo" fue el canto y la oración de los cuatro muchachos que partimos hacia el oeste, a "La Puente", California, sede del Instituto Bíblico Latinoamericano, donde había sido aceptado como alumno para el primer año.

Realizada la inscripción y ubicado nuevamente en un dormitorio del establecimiento, concurrimos al primer servicio organizado para que pudiéramos conocernos unos a otros.

Allí los estudiantes de primer año conocimos al hermano Camarillo, encargado de los varones. Dijo unas palabras de bienvenida, y nos hizo conocer algunas cuestiones reglamentarias. Si hubiera sabido la cantidad de sesiones de asesoramiento que iba a pasar en esa oficina, allí mismo me hubiese vuelto para Nueva York.

Después de presentar al personal docente, se le pidió a cada estudiante que se pusiera de pie, diera su nombre y recitara un versículo de la Biblia. Los estudios se hacían enteramente en castellano, y al oír a diversos estudiantes decir los versículos de memoria sin titubear, se me fue el alma a los pies. Mi castellano era el de la calle; en parte castellano, en parte inglés, y en parte ninguno de los dos. Esa noche me salió la parte que no era ninguno de los dos. Me sentí sumamente incómodo, y terminé recitando el versículo en inglés.

Los profesores comenzaron a darnos tareas y deberes de inmediato. Me sentía abrumado. Las lecciones eran difíciles y la disciplina muy rígida. Me sentía enjaulado. Antes, yo mismo gobernaba mi propia vida, por lo menos en alguna medida, aparte de las drogas. Ahora tenía que ceder toda la autoridad sobre mi vida a Dios y a los profesores. En el Centro era parecido también, pero allí me resultó más fácil porque yo sabía que necesitaba ese rigor como protección contra las drogas y mis antiguas costumbres. Pero ahora que ya era una "nueva criatura en Cristo Jesús", por alguna razón la rigidez me resultaba menos aceptable. Y a pesar de mí mismo aprendí lo que es la sumisión, la humildad, y hacer morir al viejo yo.

A pesar de que me encontraba en inferioridad de condiciones académicamente, el Espíritu Santo me abrió el entendimiento para aprender.

En general logré aprobar las materias, respetar el reglamento, y hasta logré aprobar los exámenes. Lo peor de todas las normas, me parecía a mí por lo menos, era la que decía en grandes letras: "ESTÁN PROHIBIDOS LOS NOVIAZGOS". Se trataba de una regla sumamente estricta. Llegué a la conclusión de que Dios me había llevado a la escuela bíblica con el fin de hacer que se modificara ese reglamento. Reuní a un grupo de estudiantes, e hice planes para "protestar" ante la dirección.

Nos rechazaron de plano. Llegué entonces a la conclusión de que sería imposible eludir esta antiquísima tradición de la escuela. Tendríamos que buscar otras formas de comunicarnos con el otro sexo. Se hacía necesario valerse de recursos tales como pasar notas, echar miradas, combinar para estudiar juntos, utilizar los servicios de un portador de las expresiones de intereses de carácter romántico, etc. Nunca dejé de maravillarme de que, a pesar de esa disposición estricta, muchas parejas se comprometían y terminaban casándose. Aprendí que el amor es un sentimiento más fuerte que las disposiciones de la escuela bíblica.

Durante el segundo semestre se me invitó a formar parte del coro. Esto me sorprendió porque yo no era capaz de cantar entonadamente, ni bajo la ducha ni en ninguna otra parte. "¿Por qué quieren que entre en el coro?", me pregunté. Me llevó varias semanas descubrir la razón. Cuando el coro salía de gira me hacían dar testimonio y predicar. Me convertí en el orador oficial del coro.

"Predica bien, pero no cantes demasiado fuerte", me decían los demás integrantes del coro cuando salíamos a cantar a alguna iglesia.

En resumidas cuentas, me di por satisfecho con mi primer año en la escuela.

Durante el segundo año me resultó mucho más fácil adaptarme. Terminé por aceptar todas las reglas, incluyendo la de los noviazgos. Mi castellano mejoró, y mis ojos también. Descubrí a una señorita de nombre Carmen. Me fijé en ella por primera vez cuando la encargada de las niñas pidió que alguien llevara a Carmen hasta su casa en el valle de San Fernando, a buscar ropa. Solo dos estudiantes tenían posibilidad de usar vehículo: yo y otro de nombre Rubén. El automóvil de Rubén estaba en arreglos, por lo que Carmen me dijo: "Te pagaré el gasto de gasolina si me llevas". "La verdad es que estoy demasiado ocupado", le dije a modo de excusa, porque mis ojos no se habían fijado debidamente en ella todavía. Aunque en realidad no estaba tan ocupado, me justifiqué a mí mismo diciéndome que sí lo estaba.

Más tarde ese mismo día comencé a compadecerme de ella, y resolví portarme bien. La vi después de una clase y la llamé. "Hermana López." Se detuvo, se dio vuelta, me vio y sonrió de lado a lado. "¿Sí, hermano?". (Tanto le temíamos a la regla sobre las amistades entre los sexos que nos tratábamos de hermano y hermana). "He cambiado de idea; te llevaré a tu casa el sábado." Lo dije a modo de que se diera cuenta de que lo hacía por lástima y nada más. "Muchísimas gracias, hermano. Te lo agradezco mucho", dijo cortésmente.

Mientras me dirigía en el auto hacia el sector femenino el sábado por la mañana, se me ocurrió pensar si Carmen me hubiera tratado con tanta amabilidad de no ser por mi automóvil. Esto aparte, me atraía la idea de estar solo con una chica unas horas.

Debía haberlo calculado. Cuando me acerqué, allí estaba Carmen, juntamente con la fiel encargada de las niñas. "Eh, esto es demasiado. Soy alumno de segundo año, un hermano en Cristo que se está preparando para el ministerio, y no me tienen la menor confianza. Tengo ganas de pasar de largo."

Pero no lo hice. "A lo mejor es Carmen quien desconfía." No pude menos que sonreír para mis adentros cuando nuestra acompañante subió, y se ubicó entre los dos. "No piensa descuidarse para nada. ¿Qué creerá que puedo hacer con las dos manos en el volante? De todos modos, la chica no me interesa."

A los pocos kilómetros de andar, mis acompañantes comenzaron a cantar coros. Cantaron incesantemente. Yo me quedé callado, ocupado en mis cosas y prestando atención a lo que hacía. Con todo, empecé a pensar en esa chica del otro lado de la encargada. No tenía el uniforme de la escuela, sino un lindo vestido de color amarillo y marrón. Comencé a echarle miradas esporádicamente. A la sexta mirada más o menos tuve un pequeño diálogo conmigo mismo. Era inútil tratar de conversar con Carmen; la encargada me interrumpiría con otro coro, de seguro.

"Víctor, ¿dónde has estado todo este tiempo? Carmen es una mejicana muy linda." Seguí pensando en ella. "¿Le hablo o no le hablo?". Había sostenido siempre que únicamente me casaría con una puertorriqueña pura. Pero al ver a esta linda mejicana en el asiento del auto, mis prejuicios fueron desvaneciéndose en forma paulatina, pero segura. Para cuando llegamos a su casa, yo ya había tomado la determinación. "Voy a hacer un intento. La quiero para mí."

De vuelta a la escuela esa misma noche, busqué de inmediato a Olivia, una amiga íntima de Carmen.

"Olivia, tengo que hablarte", le dije emocionado. "Tú eres amiga de Carmen, ¿no es verdad? Dime, ¿anda alguien tras ella?". Pensó un momento y me lanzó una mirada tímida. "Bueno, sí, hay uno en la iglesia a la que ella asiste los domingos. Sé que la busca, pero no salen ni se ven, ni nada por el estilo."

La interrumpí: "Pero en la escuela, ¿no hay nadie que a ella le guste, no?". "No, que yo sepa, no. Nunca ha mencionado a nadie." "Muy bien, entonces tengo el campo libre. A ese de la iglesia no le tengo miedo. Puedo competir con él sin problemas." Le conté a Olivia lo que sentía por Carmen sinceramente, sabiendo que ella actuaría de paloma mensajera. Esa noche no pude dormir. Estaba "enganchado" otra vez, pero en esta ocasión era con Carmen.

A la mañana siguiente, un domingo, tracé un plan de ataque. "Tengo que verla a solas. Tengo que decirle lo que siento." Jamás había abrigado sentimientos como los que ahora sentía por esa linda mejicana. Era como una especie de fiebre, y yo sabía que solo Carmen podría calmarla.

"Lista o no, aquí voy, Carmen." La vida callejera me había enseñado lo siguiente: "si quieres algo tienes que salir a buscarlo hasta encontrarlo". "Carmen, no tienes escape", dije, muy confiado en mí triunfo. Durante el desayuno comencé a meditar en la línea a seguir. "La buscaré en el comedor, e iré y se lo diré directamente."

"No; a lo mejor te descubren. Te puede ver alguno de los profesores, y en ese caso estás liquidado." Como los muchachos nos sentábamos en un lado y las chicas en otro, resultaba evidente que tenía que infringir los reglamentos.

Después de cumplir con mis obligaciones decidí buscarla. Salí del edificio, y de repente alcancé a verla en un aula, sentada cerca del piano. Me detuve. Tenía miedo. En realidad, nunca habíamos hablado antes. Yo había cometido robos, asaltado gente, participado en batallas pandilleras, pero acercarme a la chica de la que creía estar enamorado era algo completamente nuevo para mí.

Finalmente, armándome de coraje, entré al aula.

"Buen día, hermana López. Es un placer volver a verte. ¿Cómo estás?". Levantó la vista sorprendida y dijo: "Ah, hola, ¿qué tal? Muy bien, gracias". "Ni recuerda mi nombre", pensé. Nos quedamos en silencio. Actuaba como si jamás me hubiera visto antes.

Resolví emplear el método de vivir o morir. y decírselo tal como lo sentía. "No sé si lo notaste, pero en el viaje a tu casa me enamoré de ti", le dije, con absoluta sinceridad, pero sintiéndome estúpido a la vez.

Carmen tenía los ojos en el suelo. No se movió. Yo continué: "¿Cómo reaccionas ante esto?". Me dirigió una mirada de fastidio y dijo: "Bueno…yo no vine a la escuela bíblica a buscar novio. ¿Quién crees que soy?". "Ya lo sé. Yo me siento igual que tú, o por lo menos me sentía así. Pero debo ser sincero sobre lo que siento." No hubo respuesta. Seguí hablando: "No te estoy pidiendo que nos escribamos, o que seamos novios o algo por el estilo. No me interesa eso. No quiero perder el tiempo. Quiero que te cases conmigo. ¿Me aceptas como compañero para toda la vida?".

Calculaba que estaba metido hasta los ojos, por lo que decidí atacar a fondo. "No, no me interesa", contestó con frialdad. "¿Puedo pedirte que lo consideres en oración?", le dije. "Por lo que a mí concierne, no hay por qué orar", me dijo. "Bueno, eso lo vamos a ver", le repliqué, y me fui furioso y sintiéndome rechazado. Su falta de interés no me molestó. Yo estaba resuelto: "Será mía".

Pero ella no estaba convencida. No había indicación alguna de su parte que me hiciera ver que le había llegado el mensaje. Evitaba encontrarse conmigo como si tuviera una enfermedad contagiosa.

Había otras chicas a las que hubiera podido convencer mucho más fácilmente. A veces encontraba notas en mi Biblia, de chicas que me preguntaban si estaba interesado en ellas. Si miraba fijamente a alguna de ellas, en seguida recibía una nota que decía: "¿Por qué me miras así; acaso estás interesado en mí?".

Una chica bastante persistente me mandó una nota que decía: "Ahora o nunca". Le mandé una de vuelta que decía: "Nunca". A mi compañero de habitación le dije: "Lo que me interesa no es conseguir sencillamente una novia, mucho menos cualquiera, lo que quiero es justamente la que necesito para mi vida y mi ministerio". Luego agregué: "Carmen es la única que reúne estas cualidades".

Durante todo ese año escolar la busqué. Por fin cierta mañana me dijo (evidentemente con el objeto de librarse de mí): "Si vas y hablas con mi madre y ella dice sí, entonces yo también diré que sí". Ante esto reaccioné negativamente. No lo podía creer. "Es una actitud demasiado anticuada", pensé.

Ella pensaba que de esta forma resolvía la cuestión; que había encontrado una salida elegante. Debe haber pensado que yo no tendría el valor necesario para preguntarle a la madre, y que en caso de que lo hiciera, seguramente diría que no. Yo sabía también que ella le contaría a su madre que yo era un ex drogadicto que venía de Nueva York, y para peor, que era puertorriqueño y no mejicano. Tres golpes y yo quedaba liquidado; ese debió haber sido su plan.

Tuve que esperar que llegara el fin de semana para salir a la ofensiva, o sea, para hablar con la madre de Carmen.

Por la carretera del valle de San Fernando iba practicando lo que habría de decir. Me parecía raro tener que cumplir un requisito tan extraño para conseguir que ella me diera un sí o un no. Si bien no comprendía la tradición familiar en materia de noviazgo y matrimonio, le estimaba a Carmen tanto más por ello. Encontré que, con todo esto, mi amor por ella iba en aumento. Ella era muy diferente de las chicas que había conocido en la calle. Era una verdadera mujer, no como las que había conocido en el pasado. Más aún, no se dejaba conquistar fácilmente; era todo un desafío ganarla.

Detuve el vehículo frente a su casa en el bulevar Mission, donde pronto habría de dar por cumplida mi propia misión. Llamé a la puerta. (Carmen ya estaba allí para las vacaciones de verano, ya que se me había adelantado.) Su hermano Alex salió a la puerta. Me hizo pasar.

"Gracias", dije, con un nudo en la garganta, y un hormigueo en el estómago, en tanto que me flaqueaban las piernas. Me quedé de pie en la sala mirando a mi alrededor. Me daba la impresión de encontrarme en el medio de un círculo. Su madre estaba sentada en el sofá, y la hermana de Carmen, Graciela, estaba cerca.

Nadie hablaba. Me sentía incómodo. Al fin Alex me habló, y comenzamos a conversar. Yo esperaba el momento oportuno para hablar con la madre, y con el paso de los minutos el corazón me latía con más fuerza.

Finalmente me dirigí a ella y le dije: "Señora, quiero preguntarle algo sumamente importante". Mientras Alex y yo hablábamos, Carmen había entrado, pero en este momento volvió a salir porque sabía con qué fin venía yo. Nos quedamos solos, la señora y yo.

"He venido, señora, para preguntar si hay algún inconveniente en que Carmen y yo seamos novios, y, además, que nos casemos." Estas palabras me salieron con lentitud y nerviosismo.

Yo esperaba que me dijera sí o no inmediatamente. Pero no tuve esa fortuna. Procedió a darme un sermón sobre las responsabilidades referentes a cuidar a una esposa. Fue bastante largo, y comencé a ponerme inquieto. Luego, al final de una de sus admoniciones, dijo "Sí". Al principio no me di cuenta, pero después comprendí lo que había dicho.

"¿Puedo sacarla a dar un paseo?", pregunté, procurando salir afuera cuanto antes, a fin de que no pudiera cambiar de opinión. Eso dio lugar a otro sermón sobre las tradiciones familiares en cuanto a visitas y salidas. No creí que nos dejara salir, pero al fin agregó: "Pueden disponer de media hora para estar juntos". Esa media hora era mejor que nada. Comenzamos a pasearnos alrededor de la cuadra. Estiré la mano y tomé la de ella, y la tuve apretada firmemente. Seguimos caminando en silencio. Empezaba a oscurecer afuera; el aire de la tarde estaba cálido y hermoso. La mano de Carmen era cálida y suave.

"Carmen, eres una mujer muy especial para mí", le dije, rompiendo el silencio. "¡Cuánto me alegro de que tu mamá haya dicho que podemos estar juntos!" "Yo también estoy contenta. Ya me venía enamorando yo también, Víctor", contestó. Era la primera vez que respondía en esa forma.

Seguimos caminando de la mano. Se puso el sol mientras paseábamos. Llegamos a un enorme árbol que cubría completamente la acera como un paraguas. Me detuve, la atraje más cerca de mí, le tomé la mano, y se la tuve fuertemente. Nos miramos como dos enamorados.

Tenía muchos deseos de besarla, el momento parecía adecuado, pero el sermón de su madre resonaba todavía en mis oídos, por lo cual me contuve. No quería echar a perder las cosas tan pronto, justamente cuando nuestro noviazgo y futuro casamiento habían recibido aprobación. Pero a pesar de ello quería besarla. "¿Puedo darte un beso?", me atreví a preguntarle. Carmen se sonrojó, volvió la cabeza, luego me miró: "No, Víctor, no quiero. Ya ves que me han criado así. Nadie me ha besado antes".

"En México, en el pequeño pueblo donde me crié, Tangancicuaro, donde todos se conocen unos a otros, me enseñaron que solo al casarse se permiten los besos. Esto sigue siendo tradición de mi familia". "Pero tú estás en Norteamérica ahora, Carmen", le hice ver. "No, así será entre nosotros también", insistió. "He llegado a amarte, pero quiero esperar hasta el momento del casamiento para tener la seguridad plena." Me dije a mí mismo que no le volvería a preguntar.

"No podemos contarle a nadie", le dije a Carmen. Pero por más que intentamos, era inútil mantener en secreto un romance. El superintendente de la escuela nos descubrió conversando con demasiada frecuencia, y se nos llamó la atención al hecho. Yo era presidente de curso de segundo año, lo cual significaba que tenía diversas actividades que me daba ocasión para comunicarme con Carmen sin infringir el reglamento. Aproveché esta circunstancia al máximo.

Después de las vacaciones de Navidad, resolvimos comunicarle oficialmente al hermano Bravo, el superintendente, cuál era nuestra situación. Todos los estudiantes sabían; más todavía, algunos estudiantes sabían o creían saber quiénes estaban enamorados antes que la pareja misma lo supiese. El señor Bravo nos dio su bendición, y a partir de ese momento nos permitieron vernos. Esto consistía en pasar media hora juntos una vez por semana en una habitación contigua a la oficina del hermano Bravo. A la media hora exacta el superintendente golpeaba la puerta, y la entrevista debía terminar.

Al final del semestre, Carmen volvió a su casa. Yo quería que fuéramos de picnic antes de salir hacia el este. Olivia, la amiga de

Carmen, y su novio, Zeeke, iban a venir con nosotros. Le pedí permiso a la madre de Carmen. Me disgustaba tener que cumplir con este requisito porque sabía que tendría que afrontar otro sermón, pero no había otra forma, por lo que valía la pena aguantar el sermón.

Teniendo en cuenta que yo me iba por el resto del verano, resolvió darnos permiso. Hasta nos dio pollo asado para llevar. La colaboración prestada por su madre me produjo una grata sorpresa. Al subir al auto, miré a Carmen y le dije: "Al fin vamos a estar solos un día entero". "Me parece increíble", dijo, y sonrió sorprendida. "Yo conozco a mamá y esta no es su manera de proceder." "Vámonos antes que cambié de idea", le dije riendo mientras partíamos.

"Sigo sin entender tus tradiciones familiares, Carmen. Es difícil para mí." "Debes tener en cuenta, Víctor, que mi madre pertenece al México de antes. Las costumbres son muy diferentes en el lugar de donde viene ella. Tienes suerte que no vivamos allí nosotros. Cuando un muchacho y una chica quieren verse, les resulta bastante difícil. El muchacho tiene que ir a verla en la puerta de la casa. Si el horizonte está libre y nadie está mirando, él se queda en la acera mientras hablan. Si hablan demasiado tiempo atraen la atención, por lo cual tiene que seguir andando, para volver luego y retomar el hilo de la conversación."

"Eso es peor que las disposiciones de la escuela bíblica", comenté. "Escucha esto", siguió Carmen. "Cuando mi madre era una niña, los encuentros se hacían en la gran plaza en el centro del pueblo, los domingos o días feriados. Las chicas paseaban en el centro de la plaza, y los muchachos también, pero caminando en sentido contrario. No se les permitía pasearse juntos o en la misma dirección. Cada vez que se encontraban, el muchacho tenía la oportunidad de decirle alguna cosa a la chica que le gustaba o a su novia, o darle flores. Mientras se desarrollaba todo esto, debían tener presente que los padres estaban sentados en los bancos observando la procesión."

"Ahora entiendo mejor por qué tu madre es tan estricta", dije. Pero al mismo tiempo no podía aceptar que yo tuviera que cumplir las tradiciones de México antiguo en los Estados Unidos.

Llegamos a la cima de una montaña donde íbamos a celebrar el picnic. Olivia y Zeeke se fueron en una dirección, y nos quedamos completamente solos. Era un deleite estar al aire libre; lejos de la escuela, del superintendente, y lejos también de la madre de México.

Después de comer, seguimos el curso de un arroyo de aguas cristalinas que bajaba la ladera de la montaña. Caminábamos; la mano de Carmen en la mía. Repentinamente sentí que se ponía tensa; le temblaba la mano. Encontramos una roca, y nos sentamos de frente al arroyo. Se volvió hacia mí, y me tuvo las dos manos. Y entonces me di cuenta de que estaba luchando para decirme algo. "¿Qué pasa, Carmen?", le pregunté con ternura. "Víctor, quería darte un regalo sorpresa especial de despedida, pero no sabía qué darte", dijo mirándome, y luego volvió hacia mí, me atrajo hacia sí y me dio un beso. Me quedé mudo. Mirándome directamente a los ojos agregó: "Quiero que sepas que eres el primer hombre que ha tocado mis labios".

Después de una gran pausa y un prolongado silencio, nos expresamos mutuamente nuestro amor simplemente con los ojos, para luego volver hacia el lugar del picnic. Mientras volvíamos pensaba en ese beso, y mi amor hacia Carmen iba en aumento no solamente por el beso, sino por el significado que tenía para ella como forma de expresarme su amor, y por la lucha interior que sufrió para hacerme semejante regalo especial.

Al terminar el año escolar, Donald Wilkerson me invitó a regresar a Nueva York para actuar como Director de Evangelismo del Centro. La recepción de parte de los drogadictos en las calles durante las reuniones al aire libre fue quizá la más notable en la historia del ministerio del *Teen Challenge*. Así fue creciendo el número de drogadictos que acudían al Centro. Por primera vez nos vimos obligados a rechazar pedidos por falta de espacio y camas, y abrimos una lista de espera. También aumentó el número de convertidos, y el ministerio del Centro se dio a conocer en todas las principales zonas afectadas por las drogas. Me gustaba predicar en la calle, y dar testimonio ante los drogadictos que reconocían la necesidad de librarse de sus miserias.

A mediados del verano ya estaba listo para volver a la escuela, especialmente para volver a ver a Carmen. Andaba con problemas económicos, de modo que fui a ver a David Wilkerson. Quería contarle de mis planes de casamiento, y hacerle saber que necesitaba a dinero para comprar un anillo y costear el casamiento. Como miembro del personal ganaba veinte dólares por semana, pero eso se iba en gastos personales. El hermano David me dijo que no podía ayudarme porque el Centro también tenía problemas financieros.

"Tómalo con calma, Víctor. No te dejes arrastrar por la impaciencia. Tu necesidad tendrá solución." Pero al ver mi ansiedad, abrió la Biblia y comenzó a orar. Luego levantó la vista y dijo: "Víctor, el Señor acaba de hablar a mi corazón, y me ha asegurado que para cuando llegues a la Escuela Bíblica tendrás mil dólares".

En realidad, no le creí, y me dije cuando salía de su oficina: "El hermano David me está haciendo una broma pesada. ¿Cómo es posible que consiga semejante cantidad de dinero? ¡Mil dólares!" Necesitaba dinero para libros de estudio, para afrontar los gastos de graduación, un anillo para Carmen y el casamiento.

Terminó el verano y salimos hacia California. David Wilkerson me consiguió una lista de iglesias en las que debía hablar en la costa oeste. Me recibían bien, y me agradaba contarles sobre mis experiencias con el Señor, tanto en mi propia vida como en lo que se estaba haciendo en las calles de Nueva York.

Cuando completé la gira regresé a la escuela, y sumé las ofrendas recibidas. El total llegaba a poco más o menos de mil dólares.

¡Gracias, Señor Jesús!", dije en alta voz. Compré un anillo, y se lo puse a Carmen. Fijamos la fecha de casamiento para en seguida después de terminar los estudios del último año, después de la ceremonia de graduación.

Entre junio y septiembre anduve como Jacob. Trabajaba, estudiaba y esperaba a que llegara el momento de nuestro casamiento. Sentado en el aula pensaba en el momento en que recorrería el pasillo para recibir mi diploma y el reconocimiento oficial como graduado, y también en el otro pasillo, donde Carmen y yo seríamos "unidos en santo matrimonio". Está por demás decir que fue el año más largo de los tres que pasé en la escuela.

El casamiento se efectúo el 17 de junio; pasamos tres días de luna de miel y luego nos dirigimos a Nueva York, donde volví a cumplir las funciones de Director de Evangelismo del Centro. Nuevamente me encontraba haciendo lo que anhelaba y más me gustaba hacer: predicar a mi gente, los drogadictos.

13

CRISTO VENCE AL COMUNISMO

Estábamos en nuestro primer departamento matrimonial: pisos sucios, paredes muy necesitadas de pintura, muebles usados y estropeados; un cuadro más bien desolador para recién casados que querían ver todo color de rosa. Pensábamos que nos darían uno de los departamentos asignados a los matrimonios del Centro, pero en cambio nos presentaron un departamento en el subsuelo, "completo", es decir, sucio de lado a lado. Nos dijeron que tendríamos que "ponerlo en condiciones para habitarlo".

Como no había lugar a elección, yo lo pinté o, mejor dicho, cubrí las paredes y Carmen se dedicó a limpiar, lavar los pisos, etc. Cuando ya parecía más o menos habitable comenzamos a acomodar los restos de muebles. Cuando estábamos moviendo una enorme y antigua cama, Carmen sitió un dolor tan agudo en la espalda que tuve que levantarla en brazos.

El dolor persistió durante dos meses. Para empeorar las cosas, se enfermó. Yo volvía de las activadas evangélicas en la calle para cuidarla.

Carmen mejoró, pero el ministerio empeoró. El espíritu de las calles cambió en gran manera. Los guettos comenzaron a irritarse. La pasividad se transformó en militancia. El evangelismo callejero encontró resistencia. Flotaba en el aire un espíritu de hostilidad, de odio, de iniquidad. Cierta noche en que me encontraba predicando en una esquina, una lata de cerveza procedente de una azotea me alcanzó en la cabeza. En otra ocasión un huevo me ensució la ropa.

Un musulmán negro me arrancó la Biblia de la mano y exclamó: "¡Deja de ofrecerle un Dios blanco a esta gente!" Las azoteas estaban llenas de pandilleros preparados para arrojar ladrillos y bombas sobre la policía y sobre nosotros. Solo invocando el nombre de Jesús logramos escapar en algunas situaciones.

Mientras trabajábamos en el Centro, Carmen y yo sentimos preocupación por las necesidades de América del Sur. Se trataba de una visión misionera que habíamos sustentado y compartido desde que éramos novios. Por diversos conductos nos llegó la noticia de que hacía falta un evangelista norteamericano de habla hispana.

Sin apoyo financiero fijo, sin invitaciones a colaborar, e incluso sin contacto directo con nadie en Sur América, decidimos partir.

Hablé en varias iglesias, y reunimos suficiente dinero para los pasajes aéreos a la Argentina, donde sentíamos ambos que el Señor nos estaba enviando. Al impulso de las alas y la oración, volamos por cielos favorables hacia una tierra de futuro incierto para nosotros.

"Todo lo que tenemos, Carmen", le dije, "es nuestra visión." No conocíamos a nadie en Argentina, no habíamos hecho arreglo alguno para que alguien nos fuera a recibir, ni teníamos reuniones en las cuales debíamos hablar. Sin embargo, el día antes nos fue presentada una hermana creyente que nos dio la dirección de su madre, que vivía en Buenos Aires, sugiriéndonos que "fuéramos a verla". "Por lo menos tenemos una dirección", le dije a Carmen sentados a diez mil metros de altura, viajando a gran velocidad con destino a nuestra misión de salvar almas. Se trataba de "una misión de puro valor y fe", me decía cuando me asaltaba la duda.

Yo miraba a Carmen y su expresión parecía decir: "¿Está bien lo que estamos haciendo? ¿Habrá sido el Señor que nos habló? ¿Estamos escapando para eludir alguna responsabilidad?".

Encomendamos nuestros temores en las manos del Señor, y dejamos atrás toda nuestra preocupación. Ocho horas más tarde, las ruedas del 707 tocaban suelo argentino en Buenos Aires. "¿Dónde está la comisión de bienvenida?", dijo Carmen bromeando. "Busquemos la dirección que nos dieron ayer", le sugerí. Estábamos cansados, algo aturdidos, y nos sentíamos solos en una gran ciudad.

El taxi nos sirvió en dos sentidos: nos llevó hasta la dirección de la persona que buscábamos, y al mismo tiempo nos limpió la billetera, porque nos cobró diez dólares de más. "Exactamente como los de Nueva York", dijimos los dos.

La mujer de la casa nos recibió afectuosamente, por lo cual nos sentimos muy agradecidos, especialmente considerando que llegábamos sin previo aviso, con valijas y todo. Luego de aclararle lo que nos traía, ella insistió en alojarnos en su casa. Fue motivo de gratitud de nuestra parte.

"Señor, nos has dado cama donde dormir; danos ahora un lugar donde quieres que prediquemos", fue mi oración esa noche. Nuevamente habló el diablo: "¡Qué necio eres! Hiciste semejante viaje sin dinero, sin reuniones programadas. Va a terminar en la nada todo esto".

Después de orar recobré la fe, y mandé al diablo a su lugar. Comencé a hablar a algunos pastores por teléfono, para explicarles mi misión, y ponerme a su disposición. El reverendo Daniel Garzo, dirigente de uno de los movimientos cristianos, fue uno de los hermanos que abrió su corazón ante la visión que el Señor me había dado. Arreglamos para encontramos, oramos en busca de dirección para algunos esfuerzos evangélicos, y en cosa de días la máquina comenzó a funcionar para preparar campañas en la calle, reuniones en iglesias, y hasta cruzadas.

El Señor bendijo mi ministerio de proclamación de la Palabra de Dios, y de testimonio relativo a la liberación que había experimentado sobre el poder de las drogas. En poco tiempo una puerta tras otra fue abriéndose. Una puerta conducía a la otra, y yo iba traspasándolas a medida que se abrían. Me vino una sensación de satisfacción y alivio, porque estas oportunidades me aseguraban que el Señor estaba en esto. Tanto en las calles como en las iglesias hubo almas que encontraron la salvación.

"¡Señor, úsame de algún modo especial aquí!", dije en oración. "Creo que me enviaste a Sur América a hacer algo por ti que no pueden hacer otros." Estaba entusiasmado con las reuniones en las iglesias y la cruzada de evangelización en la calle. "Pero estoy convencido de que hay alguna puerta especial que debe abrirse", le dije a Carmen.

Y así fue. Empecé a tener conocimiento de las necesidades de los estudiantes en las universidades. Me llegó una invitación para hablar en la Universidad de Santiago de Chile. Apenas me llegó, comprendí que esa era la misión especial para la que habíamos sido enviados. Apenas pudimos hacer arreglos salimos para Chile.

Un estudiante creyente obtuvo permiso del rector de la universidad para que yo hablase en una de las aulas más grandes del edificio.

"Dudo que consigan gente que los venga a escuchar", comentó. "Los estudiantes aquí son comunistas." Hicimos una visita al lugar el día anterior a la reunión y comprendimos por qué el rector nos había hecho el comentario. En las paredes había grandes cartelones con leyendas como estas: "VIVA FIDEL CASTRO, VIVA CUBA, VIVA EL COMUNISMO". Me entusiasmó ver las leyendas. "Aquí es donde tenemos que estar", le dije a Carmen. "Este es uno de los campos misioneros más descuidados de Sur América."

Al día siguiente fuimos nueve estudiantes evangélicos, Carmen y yo, a esa Universidad de varios miles de estudiantes, mayormente comunistas. Al llegar nos enteramos de que los comunistas habían concertado otra reunión para la misma hora exactamente. "Señor, no permitas que salgan victoriosos", suspiré en oración. Pero caminando hacia el aula dentro del edificio me sentí fortalecido por la presencia del Señor. Subimos las escaleras que llevaban al segundo piso, y para sorpresa nuestra la sala estaba repleta. Había alrededor de 500 personas adentro, y otras 100 afuera que no pudieron entrar.

El profesor me presentó. Inicié mis palabras contándoles acerca de mi vinculación con los narcóticos, luego relaté detalles sobre mis intentos de reforma, de los periodos pasados en instituciones, cárceles, hospitales. Escucharon atentamente. En el momento oportuno les hablé de mi encuentro con la realidad de Cristo Jesús. Las palabras salían de mis labios con fuerza.

Era consciente de que las palabras no estaban rebotando en el piso, sino que estaban encontrando eco en los corazones de los estudiantes. Me di cuenta de que en muchos de los presentes había sed espiritual y un profundo sentido de búsqueda. La atmósfera se cargó de la presencia del Señor y del poder del Espíritu Santo. Toda la sala estaba en silencio, excepto por mi voz.

Cuando concluí, nadie se movió. Luego irrumpieron en aplausos. El profesor dio por terminado el acto, pero muchos estudiantes se acercaron a hacerme preguntas. El profesor se acercó y me dijo: "Señor Torres, me gustaría hacer arreglos para que vuelva usted. La próxima vez quisiera que los profesores y los estudiantes de la Facultad de Medicina lo escuchen". Pasamos el resto del día dando testimonio y orando por algunos estudiantes que querían recibir a Cristo.

Volví a los pocos días, y encontré la sala llena de estudiantes de Medicina en sus trajes blancos. Una vez más compartí con ellos la experiencia de la forma en que con Cristo *"las cosas viejas pasaron y, he aquí, todas fueron hechas nuevas"*. (2 Corintios 5:17)

En medio de mi relato dije que "la ciencia médica no pudo ofrecer una respuesta a mi problema". De repente, un estudiante en el fondo de la sala se levantó, y me interrumpió.

"Perdone, señor Torres. La ciencia y la medicina pueden haber fracasado en Norteamérica, pero aquí no han fracasado." Luego me hizo una pregunta muy técnica que yo no podía contestar, en parte por mi falta de capacidad para entender términos médicos en castellano, y en parte por ignorar lo que me estaba queriendo decir. Lo que sí comprendí, sin embargo, era que estaba tratando de poner en tela de juicio mi testimonio, y el poder de Dios.

Me sentí frustrado. No estaba acostumbrado a que me interpelaran en una conferencia pública, si bien me ocurría frecuentemente cuando daba testimonio en la calle. Perdí el hilo de lo que estaba diciendo. Me quedé callado. Los estudiantes se quedaron mirando, y esperando mi respuesta.

Incliné la cabeza, orando en silencio. Levantando la cabeza, comencé a hablar de nuevo lentamente, sin contestar a la pregunta en forma directa, sino continuando con el relato de la forma en que Cristo había obrado para conmigo y en mí. Mi discurso comenzó a tomar ímpetu. Me sentí con libertad para hablar con vigor y convicción. Sentía en forma poco común que el Espíritu de Dios se había hecho cargo y estaba hablando a través de mí. Me sentía otra persona en ese momento, y como si estuviera fuera de mí mismo, escuchando yo también. Como dardos, las palabras daban en el blanco, en el corazón y la mente de los estudiantes.

Terminé o, mejor dicho, el Espíritu Santo, que hablaba por mí, terminó. Por espacio de unos instantes hubo silencio total en la sala. Luego el auditorio, con excepción del que había hecho la pregunta, se puso de pie y aplaudió. Varios se dieron la vuelta para indicarle su disgusto al que había interrumpido. "Estás equivocado", le gritó uno.

Después supe que la pregunta que había planteado se relacionaba con el rechazo de lo milagroso. El Señor me había utilizado como ejemplo para derrotar su escepticismo, y para demostrar una vez más que el hombre que ha pasado una experiencia nunca está en desventaja frente al que solo tiene un argumento.

Seguimos viaje, pasando por Venezuela, Colombia, Ecuador, descubriendo que se nos abrían otras puertas maravillosas. La acogida más amplia fue en Quito, Ecuador. Miguel Santiago nos había invitado. Miguel, su esposa y sus tres hijos, estaban dedicados a la obra misionera allí. Miguel nos fue a esperar al aeropuerto.

"Me alegro que hayas venido, Víctor. La necesidad es grande", me dijo. Prosiguió explicándome que el país estaba abierto al evangelio, pero que los comunistas también estaban activos. A medida que hablaba, mi corazón ardía en deseos de testificar. Miraba por la ventana del automóvil y escuchaba, mientras pasábamos por las populosas calles de Quito. Luego me miró diciendo: "Mañana empezaremos la gran campaña en nuestra iglesia. El lugar donde vamos a hacer la reunión solía ser una panadería. Ahora ofrecemos el Pan de Vida. Es nuestra iglesia".

Comenzamos las reuniones con el salón lleno todas las noches. Venía gente de todas partes de la ciudad para escuchar la Palabra de Dios. Luego una noche, después del servicio, Miguel hizo una sugerencia.

"Víctor, olvidé decirte que en Quito hay una Universidad de trece mil estudiantes. Nunca ha sido alcanzada por el evangelio. Tal vez podríamos ir durante el día". La idea me llegó profundamente, y tanto yo como Carmen nos sentimos constreñidos. "Pero te aclaro, Víctor: tiene más comunistas que otra cosa."

Tan pronto como me dijo esto, recordé lo de Chile. "Está bien, vamos", le respondí. Después me enteré de que los comunistas sumaban un noventa y cinco por ciento del total de los estudiantes.

Al día siguiente organizamos un grupo de la iglesia y partimos hacia la universidad. Al bajar del auto, noté que había una gran bandera roja en el centro, y una gran tumba de piedra. "Esa bandera, Miguel, parece comunista", le dije. "Así es, Víctor", contestó. "Otra cosa: la tumba. Allí está sepultado uno de los líderes comunistas."

Comenzamos a conversar con algunos de los estudiantes. Se parecía mucho al ambiente en Chile, solo que aquí había más corazones endurecidos. Un grupo de estudiantes tenía insignias en la solapa con la leyenda: "Soy comunista". Abrí mi Biblia y comencé a predicarles. Se pararon para escucharme. A los pocos minutos estábamos rodeados por una multitud.

"¡Dame esa Biblia!" Uno de los presentes alargó la mano, y me arrancó la Biblia de las manos. "¡Estás predicando capitalismo!", dijo en voz alta, y airado atrajo la atención de los demás.

Repentinamente recibí aliento de arriba. Alargué la mano, y le saqué la Biblia de las manos nuevamente. "¡No!", repliqué. "Estás equivocado, no es capitalismo lo que predicamos. Yo predico el evangelio de Cristo, y el evangelio no procede de Norteamérica, sino de Dios, y es para todo el universo. No se trata de un mensaje norteamericano." Cuanto más hablaba, más seguridad y autoridad sentía. "Vengo a traerles un mensaje de paz." Me escucharon, y me di cuenta de que lo hacían con respeto por nuestra intrepidez.

Cuando nos dispersamos se me ocurrió una idea: "Oye, Miguel, ¿nadie ha predicado en el salón de actos de la Universidad?". "¡No! ¡Nunca! ¿Hablas en broma? Hace seis meses hubo una revolución aquí. ¿Ves esas paredes? Son marcas de balas." "¡Eh!", exclamé. "Pues hombre, esta gente no se dedica a jugar." "Así es", me contestó. "Oye, Miguel, ¿qué te parece si intentamos conseguir autorización? Tal vez podamos hacer una reunión de tipo religioso." "¡Hagamos la prueba!"

Miguel y yo nos dirigimos hacia la oficina del rector. Mientras avanzábamos por los pasillos y corredores, veíamos carteles por todas partes: "¡Abajo el cristianismo!", "¡Arriba el Comunismo!", "¡Viva el Comunismo!" Por un momento nos sentimos tentados a abandonar, pero seguimos andando.

Al llegar al edificio principal, Miguel pidió hablar con el rector. La joven en el despacho contestó que no estaba. Al ver que veníamos con Biblias nos sugirió que hablásemos con Herman, que estaba en un escritorio frente al de ella. "Yo soy el vice-rector. El rector no está hoy", nos dijo. De un cuarto detrás de la oficina salió un hombre de edad mediana, pulcramente vestido. "¿En qué puedo servirles?", dijo. "Yo soy el rector." "Queremos pedirle un gran favor", le contesté yo. Muy amablemente nos invitó a pasar. Nos sentamos en su oficina, y entonces nos preguntó qué favor era el que necesitábamos.

Comencé a informarle quién era yo, y de dónde venía. Le conté algo de mi experiencia con Dios, teniendo presente que Miguel había dicho que muchos, si no todos, los miembros del personal eran comunistas. Mientras le hablaba nos miraba, y luego sus ojos cayeron sobre la Biblia que yo tenía en la mano izquierda. Seguí hablando sobre cómo Cristo había cambiado mi vida. Noté que comenzaba a lagrimear. Le dije entonces que quería contarles todo esto a los estudiantes de la universidad. Se puso de pie y entonces dijo: "Con mucho gusto".

Miguel y yo nos miramos gratamente sorprendidos. El rector nos preguntó si queríamos utilizar el teatro. "Sí", contesté. Casi no podíamos creer lo que estaba ocurriendo. Llamó a su secretaria, a su ayudante, y al hombre encargado del teatro. Les habló con entusiasmo.

"Denles a estos señores todo lo que necesiten. Tienen un mensaje que todos necesitamos."

Convenimos en realizar el acto el lunes por la mañana, en el teatro de la universidad. El teatro tenía capacidad para tres mil personas. "Muchas gracias, señor, muchas gracias." Miguel y yo salimos con las Biblias bajo el brazo, y bajamos las escaleras para llevarles las buenas nuevas al resto del grupo que esperaba a que volviésemos. "Víctor, esto es historia para Quito, Ecuador. No se ha hecho nunca antes."

"Bendito sea Dios" era todo lo que podía decir yo. El entusiasmo era extraordinario, y la noticia se divulgó por todo Quito, llegando a oídos de otros creyentes e iglesias. Nos preparábamos para el acto y orábamos. Imprimimos carteles para las paredes de la Universidad. Ninguno de nosotros tenía idea de lo que iba a resultar. Yo no hacía más que pensar en ese salón de tres mil butacas, y si habría de llenarse.

Llegó el día. Miguel y su esposa, Carmen y yo nos encaminamos hacia el gran teatro. Llegamos temprano. El lugar estaba vacío. El silencio era abrumador. Al fin llegó el momento. Se abrieron las puertas, y quince minutos antes de empezar tuvimos que cerrarlas de nuevo. Se habían agotado completamente los asientos. Había una gran expectativa. Miguel se puso de pie, y dio comienzo al acto presentándome como el orador. Les hablé sobre el amor de Dios en base a la Palabra, y les conté cómo había transformado mi propia vida. Hubo una serie de preguntas, unas tras otras, pero los resultados fueron hermosos.

Al terminar despedimos al auditorio, pero primeramente preguntamos si había alguien que quería conocer algo más acerca de Dios. En caso afirmativo, les rogamos se adelantaran, para que pudiéramos hablarles. Unos cien estudiantes se quedaron, y subieron a la plataforma donde estábamos Miguel y yo. Varias horas estuvimos orientando y orando con las estudiantes. Terminada la reunión, salimos caminando hacia la entrada del salón, y nos salió al encuentro el rector en persona. Me estrechó la mano vigorosamente y comentó: "Señor Torres, fue magnífico. Quiero que sepa que las puertas de esta universidad están siempre abiertas para que vuelva cuando quiera. Muchas gracias por su conferencia". Poco después de esta experiencia, nos llegaron noticias de mis padres que nos obligaron a volver a Nueva York.

Al llegar, encontramos a mi familia sumida en el temor. El vecindario había empeorado y aumentaban los asaltos, los robos y disturbios, por lo que se veían obligados a quedar encerrados en el departamento al atardecer. Hasta de día tenían miedo de salir. Ya no podían concurrir a la iglesia como solían hacerlo, y se habían convertido virtualmente en prisioneros de su propia casa.

Tuvimos una conferencia de familia, y resolvimos que era hora de que se volvieran a vivir a Puerto Rico. Les ayudé a hacer arreglos y a cerrar el departamento, rompiendo así los últimos lazos que nos unían a Brownsville y la calle Powell.

No hubo lágrimas cuando nos alejamos del vecindario por última vez. La vida había sido como una gran pesadilla para toda la familia en ese departamento de la calle Powell. Solo por la gracia de Dios y las oraciones de mi madre estaba yo vivo todavía.

Con la ayuda de Carmen ubicamos a la familia en el avión, y luego volvimos al Centro de *Teen Challenge* para esperar las instrucciones del Señor en cuanto a nuestros próximos pasos.

14

DE LA CALLE POWELL DE NUEVA YORK A LA CALLE POWELL DE RICHMOND

Al regresar de Sur América, nos encontramos en una situación que nos era familiar. "Tengo Biblia, me ofrezco para predicar", decía mi tarjeta de presentación, pero seguía nuevamente el interrogante: ¿Dónde? ¿Cómo? ¿Cuándo?

Hice arreglos para una serie de reuniones en Richmond, Virginia; Memphis, Tennessee; y Dallas, Texas, con la intención de llegar hasta la costa occidental. Hicimos las valijas en Brooklyn, alojándonos transitoriamente en el Centro de *Teen Challenge*. Un amigo que trabajaba en el Centro me hizo la siguiente pregunta: "¿A dónde te diriges ahora, Víctor?", en un tono que parecía querer decir que yo siempre andaba dirigiéndome hacia 'alguna parte'.

Me quedé mirándolo con cara de desconcierto, y le dije entre dientes algo sobre que íbamos a California. Una vez más nos deslizábamos por la carretera. Hacía cuatro años que Carmen y yo estábamos casados, y el tiempo máximo que habíamos pasado en un mismo lugar era seis meses. Nuestra casa era el vehículo. Prácticamente cada noche y todas las semanas, la ciudad en que nos encontrábamos era diferente, las reuniones a las que concurríamos, la cama en que dormíamos, eran diferentes. Yo había llegado a aceptar esta situación, pero tuve la impresión de que Carmen estaba cansada, si bien no se quejaba.

Sentado tras el volante me pregunté a mí mismo y al Señor: "¿Cuándo se terminará todo este andar de un lado para otro? ¿Hasta cuándo tengo que servirte sin contar con seguridad económica, sin hogar permanente al cual volver después de las reuniones?". No recibí ninguna respuesta para mi corazón atribulado.

Nuestra primera escala en el viaje hacia el oeste fue Richmond, Virginia. El reverendo Roberto Rhoden, pastor de la iglesia de las Asambleas de Dios, nos recibió cordialmente. Después de los saludos, le pregunté: "¿Me permite utilizar su teléfono para confirmar las próximas reuniones?". Carmen escuchaba mientras yo hablaba al pastor de Memphis. "Sí, entiendo. Muchas gracias, de todos modos. Ya haremos otros arreglos." Corté la llamada y lentamente llamé a la operadora nuevamente. "Voy a intentar Texas ahora", le dije a la atribulada Carmen. Mientras yo hablaba, ella escuchaba. "Sí, comprendo. Gracias de todas formas; le llamaré de nuevo cuando estemos por aquí." "Ya van dos, Carmen. Se me está ocurriendo que no debemos pensar en llegar a California. Me parece que esa puerta también va a estar cerrada.". Me dejé caer en una silla.

"Tal vez el Señor está tratando de decirnos algo", dijo Carmen, con lo cual no solucionaba nada según mi punto de vista. "Nos volveremos a Nueva York tan pronto como se acabe esta serie de reuniones en Richmond", le informé.

El pastor Rhoden comprendió el dilema en que nos encontrábamos, y sugirió lo siguiente: "Víctor, ¿por qué no se quedan aquí mismo, en Richmond? Podrían considerar a Richmond como centro desde el cual operar". Lo miré con expresión negativa. El Pastor siguió hablando: "Tienen que empezar a pensar en familia. Podrían radicarse aquí mismo".

Me quedé sentado y en silencio. "Está loco", pensé para mis adentros, íntimamente preocupado ante la sola mención de semejante idea. Miré a Carmen, y la cara se le iluminó como un árbol de Navidad. "Víctor, pienso que deberíamos considerarlo en oración. A lo mejor es una buena idea", dijo Carmen. "Vámonos", le dije sin contestar. Volvimos al lugar donde nos hospedábamos. Me recosté en la cama, y consideré la situación. Estaba evitando orar por la cuestión, de manera que le dije al Señor: "No me gusta Richmond. No me siento llamado".

Esa noche analizamos la cuestión hasta altas horas. "Oremos", me dijo Carmen, pero yo seguía hablando con miedo de orar, por temor a lo que pudiera decirme el Señor. Después de agotar todas las razones por las cuales no debíamos quedarnos, no quedaba otro remedio que orar.

El Espíritu Santo se valió de mis pensamientos para hablarme: "Si tengo puertas cerradas, es por alguna razón". Pero la razón no estaba clara. Yo sabía que la razón solo vendría si confiábamos y dábamos un paso de fe. Había aprendido que la voluntad del Señor se revela paso a paso.

Al día siguiente le dije a Roberto Rhoden: "Vamos a quedarnos a probar". El pastor Rhoden me llevó a buscar un departamento, y para mi gran desilusión, pero para la alegría de Carmen, el primero que vimos era lindo y estaba desocupado. "Ciento cincuenta dólares por mes, ustedes pagan los servicios", se nos informó. Una hora más tarde firmé el contrato, pagué el primer mes de alquiler, y me quedé sin un centavo. "Espero que no vayamos a parar a la cárcel,

Carmen. Creo que hemos cometido un error", le dije mientras inspeccionábamos las habitaciones.

"¿Cómo vamos a amueblar todo esto? No tenemos dinero, ni crédito." Me molestaba que no pareciera preocuparle. Carmen me miró y dijo con absoluta confianza: "Querido, si es la voluntad de Dios que estemos aquí en Richmond, el Señor mismo nos proveerá de los muebles para este departamento". Luego agregó: "Háblale al hermano Rhoden y plantéale la cuestión".

Así lo hice y él contesto así: "Vayan a ver a Eduardo Williams. A lo mejor les da crédito". Eduardo Williams era un hermano en Cristo a quien habíamos conocido en una de nuestras reuniones. Nos contó sobre su negocio de muebles. Pero lo habíamos conocido solo dos días antes de firmar el contrato por el departamento. Apenas lo conocíamos.

Dentro del negocio se nos iluminaron los ojos. En los cuatro años de casados jamás habíamos tenido nada nuestro. Eduardo Williams nos saludó nuevamente con las palabras: "Alabado sea el Señor, hermano". Una amplia sonrisa le cubría el rostro. Le expliqué la situación, nos escuchó, y luego dijo: "Hermano Víctor, les voy a dar crédito sin límites para que compren todo lo que necesiten. Les daré los muebles al precio de costo para mí, y no les voy a cobrar intereses".

Luego agregó: "Lo hago porque he sentido que el Señor lo quiere así. Quiero que sepan", siguió diciendo, "que me alegro mucho de que Dios los haya mandado a Richmond. Su ministerio es necesario aquí. No lo hago por ustedes, sino como forma de obediencia al Señor".

No podía creer lo que oía ni lo que veía. Al principio no lo quise aceptar. Hasta llegué a desear que nos rechazara, para que pudiera por fin convencer a Carmen de que estábamos en un error al quedarnos en Richmond. Pero Eduardo Williams me quitó la última posibilidad de convencerla.

Salimos del negocio con muebles por valor de setecientos cincuenta dólares, y pagarés por valor de setecientos cincuenta dólares
que había que afrontar también. Carmen pensaba en los muebles;
yo pensaba en los pagarés. Ella se llevó la mejor parte.

Las semanas siguientes pasaron muy lentamente. Fueron las
más difíciles experimentadas como cristiano y en el ministerio.
Hablé en algunas iglesias, y el resto del tiempo lo pasé en el departamento caminando de un lado para otro. Coloqué un mapa de los
Estados Unidos en la pared del dormitorio, y de tanto en tanto le
echaba un vistazo, eligiendo "otros" lugares donde hubiera prefe-
rido estar.

Carmen era feliz, pero yo no. Me afectaban también las finan-
zas. Además, Carmen me informó que íbamos a tener un segundo
hijo. A los tres meses de estar en Richmond ya no sabía qué hacer.
Sentía como que quería irme a cualquier parte. Me sentía indeciso,
miserable, y espiritualmente hundido.

"No puedo vivir en esta ciudad. Es demasiado pequeña y pro-
vinciana", me decía a mí mismo. La comparaba con Nueva York y
Los Ángeles, y me sentía perdido en ella. "No tiene más que árbo-
les", le decía, mientras hervía en deseos de tomar el próximo avión.
Hablé con Carmen y le dije: "Querida, tal vez no tenemos paz
porque no estamos en la voluntad del Señor". "La verdad es que, en
cuanto a eso, no sé. Pero a mí me gusta aquí." Para ella la respuesta
sería la seguridad de la voluntad de Dios.

Por pura desesperación un día llamé por teléfono a Donald
Wilkerson.

"Creo que el Señor quiere que yo vuelva a Nueva York a trabajar, Donald." Traté de que sonara convincente. Estaba dispuesto
a ayudarnos, y me dijo que había un departamento vacío en Long
Island donde podíamos alojarnos. Llamé a una empresa de trans-
porte para averiguar lo que costaría trasladar los muebles, y fijé

una fecha. Una semana antes de viajar, resolví hablarle nuevamente a Donald para confirmar los planes.

"Víctor, lo lamento mucho, pero yo estaba equivocado con respecto a ese departamento. No está vacío. No lo van a poder ocupar." ¡Otra puerta cerrada en mis narices! "Señor, ¿qué es lo que me estás haciendo?" fue la queja que brotó de mis labios. Carmen y yo nos pusimos de rodillas, y lloramos ante el Señor. Después de orar me sentí algo mejor, pero no tenía verdadera paz en el alma.

Resolví probar las calles de Richmond, y comencé a salir a buscar oportunidades para testificar. Para mi gran sorpresa, empecé a ver un cuadro familiar: drogadictos. "¡Eh, aquí mismo en Richmond!" Le conté a Carmen el gran descubrimiento que había hecho.

Pasé muchas noches caminando y dando testimonio, y haciéndome conocer en las calles. Daba mi testimonio y entregaba literatura. Me agradó la recepción franca de los drogadictos. A unos cuantos les dije que vinieran a verme si yo podía ser de ayuda, y el teléfono comenzó a sonar. Algunos estaban enviciados con heroína, otros con cocaína, otros simplemente necesitaban orientación porque estaban confundidos.

Una noche volví tarde a casa después de realizar varias entrevistas provechosas. Levanté la revista *Time*, el número que hablaba del movimiento conocido como la revolución de los seguidores de Jesús. Al leer el relato, recordé que tres años antes David Wilkerson había predicho que el país iba a ser testigo de un gran descubrimiento espiritual entre la juventud. "Aquí se está cumpliendo", me dije, y sentí el calor de la emoción. "Esto puede ocurrir aquí en Richmond."

Tuve la impresión de que el Espíritu de Dios quería grabarme esto en el corazón. Pensé en los muchos jóvenes a quienes había hablado en las calles. Me invadió un sentido de compasión y amor hacia ellos. Coloqué la revista en el piso, levanté los brazos al cielo, e invoqué el nombre del Señor. "Dios mío, hazme parte de esa revolución." Tenía la sensación de que mi corazón podía salir caminando por sí solo, y encaminarse al centro de Richmond para derramar el amor de Jesús sobre las cabezas y las vidas de los jóvenes que caminaban sin rumbo por las calles.

Al día siguiente desperté con una actitud nueva hacia mi ministerio y hacia la ciudad de Richmond. La vi como un campo de trigo listo para la cosecha. Le dije al Señor que quería participar en dicha cosecha.

No tardé en encontrar un grupo de jóvenes que pertenecían al movimiento de Jesús, que también estaban dando testimonio, y los acompañé a los parques, a la universidad, a los puntos de reunión, y donde quiera que hubiera grupos de jóvenes holgazaneando.

De vuelta de la ciudad cierto día, alcancé a ver un letrero a la entrada de una casa desocupada: "SE VENDE".

Ya me había dado cuenta de la necesidad que existía de una casa donde se pudiera prestar ayuda a algunos de los jóvenes a quienes testificábamos. El pensamiento de que debía abrir un lugar así se hizo más persistente con el andar del tiempo. Por ello, el ver el letrero me atrajo la atención en seguida. Llamé al corredor de bienes raíces, quien me dijo que la casa valía 17.000 dólares. Le agradecí la información, y decidí abandonar la idea. No estaba en condiciones de asumir una deuda semejante.

Dos semanas más tarde, al pasar por el mismo lugar, noté que el letrero había cambiado: "SE ALQUILA". Volví a llamar y me dijeron que querían 150 dólares por mes. "Creo que podremos alquilarla", le dije a Carmen cuando le conté lo que estaba pensando. "Tenemos una concentración de tres días en la iglesia del Reverendo Johnson, con la gente de la 'revolución de Jesús'. Voy a presentar la propuesta allí y veremos qué pasa".

Así lo hice, y dos días después de la reunión del fin de semana, el Pastor Johnson me entregó un cheque por 500 dólares. "¡Bendito sea Dios, Carmen! Han comenzado a funcionar las cosas. Ya mismo voy a llamar a Casa de Jesús", le comuniqué.

No teníamos candidatos seguros para ocupar la casa todavía, pero yo sabía que para cuando la tuviéramos en condiciones, los habría. En realidad, ya teníamos residentes cuando llegamos: ratas. Eran tan grandes que "si tuviéramos una montura me parece que se podría andar en ellas", le dije en broma a Carmen después de haber firmado el contrato.

Reuní unos cuantos jóvenes del movimiento de Jesús, y nos pusimos a limpiar y a pintar la casa. Mientras hacíamos esto, comencé a recibir sugerencias sobre cómo llevar a cabo el ministerio. Algunos apoyaban la idea, otros hacían lo contrario. "¿Tiene permiso del municipio para realizar este trabajo? ¿Está seguro que el vecindario lo aceptará? ¿No sería mejor poner un aviso en el diario antes de comenzar?".

Algo dentro de mí me decía: "No, entra y toma posesión de la tierra. Comienza primero y deja las interrogantes para después".

Cierto día llegué a la casa, y al entrar encontré un muchacho sentado en una silla rota en la sala. "Hola, me llamo Forrest", dijo, presentándose solo. Tenía el cabello revuelto y en desorden. "¿En qué puedo ayudarte, Forrest?", le pregunté. "Vengo a quedarme", me dijo con seguridad. "Cuéntame algo", le dije mientras juntaba los tarros de pintura. Durante media hora me estuvo contando una historia que para mí era familiar. Un hogar disuelto por el divorcio, dejó de ir a la escuela, se mezcló con drogas, estuvo en la cárcel, y finalmente en un hospital psiquiátrico. Se había escapado del hospital, y la policía lo estaba buscando. "¿Qué edad tienes?", le pregunté. "Catorce", me contestó. Lo miré y me di cuenta de que estaba mintiendo, o que era grande para esa edad. Decidí aceptar la segunda explicación porque había una nota de sinceridad en su relato.

Me explicó que al llegar a Richmond se había encontrado con las personas del movimiento de Jesús. Ellos lo habían llevado a los pies del Señor, y le hablaron de la Casa de Jesús. "Por eso estoy aquí", dijo Forrest. "Bueno, la verdad es que no tenemos las cosas listas para empezar todavía, Forrest, pero puedes venir a mi casa y quedarte con nosotros hasta que terminemos de acondicionar esta casa. Estaremos un poco apretados. Tengo una hija, y hay otras dos personas, Flip y Jaime, que están con nosotros hasta que terminemos este trabajo", le expliqué.

Pocos días después hablé por teléfono con su madre, y le conté todo. Le dije que yo quería ser de ayuda para su hijo, con la ayuda de Dios. Le ruego que no llame la policía", le dije antes de colgar el teléfono. Me prometió que no lo haría.

Pocas horas después el padre de Forrest habló desde Washington D.C. para averiguar todos los detalles. Yo le conté cómo Cristo estaba transformando la vida de su hijo. "Le ruego que nos dé la posibilidad, y al Señor la oportunidad, de auxiliar a Forrest", le dije al terminar.

Pocos días después Forrest estaba en casa sentado en el sofá leyendo la Biblia. Lo miré, y me quedé pensando si debía decirle de lo que me había enterado el día anterior. El día antes volvíamos de haberlo bautizado a Forrest con agua, cuando un vecino me llamó y me dijo que la policía había venido a la casa cuando no estábamos.

"Rodearon la casa; había seis vehículos policiales en total", dijo con expresión de sospecha en el rostro". ¿Qué buscaban?". No se lo dije, pero yo lo sabía. Buscaban a Forrest. No le dije nada al vecino porque yo temía que se estuvieran preguntando en qué andábamos. Sabían que yo tenía un grupo de hippies en la casa.

Ya no había tiempo para preocuparme por esto. En ese momento, llegó un automóvil, juntamente con un vehículo policial. Forrest seguía leyendo la Biblia. Me dije que había llegado la hora de ponerlo en conocimiento. "Aquí vienen, Forrest. Ahí viene la policía. Alguien les ha dicho dónde estás", le dije. "Pero no temas, ahora tienes la protección de Jesús". Levantó la vista y sonrió con expresión de paz en los ojos. "No cabe la menor duda, Víctor; seguro. Estoy bien. No temo nada."

Los policías no se molestaron en dar explicaciones. Sin demora se apoderaron de Forrest. No ofreció resistencia alguna, y se portó como un perfecto caballero. Comenzó a hablarles de Jesús, pero no prestaron atención. Lo sacaron por la puerta. "Víctor, te veré, chico. ¡Tengo a Jesús conmigo!", gritó mientras lo ubicaban en el asiento trasero del vehículo policial.

Se alejaron velozmente, dejándome con el corazón quebrantado, y privado del primer huésped. Oré silenciosamente pidiéndole al Señor que me lo mandara de vuelta. Como no pude averiguar dónde lo llevaban, perdí contacto con él por varios días. Sus padres no podían localizarlo tampoco. Seguí trabajando en la Casa de Jesús y esperando.

Pasaban los días, y no había noticias sobre el paradero de Forrest. De repente sonó el teléfono una tarde, y la persona que llamaba me informó que hablaba desde el tribunal para delincuentes juveniles, donde Forrest había sido llevado para ser procesado. Me explicó que se había mencionado mi nombre en el proceso.

"Señor Torres, este chico se puso de pie, y dio testimonio ante el juez y la corte de lo que sentía en su vida desde que Jesucristo lo había transformado." Me contó toda la historia. Por fin le interrumpí para decirle: "¿Puedo decir algo?". "Sí, ¿cómo no; de qué se trata?", preguntó. "¡Gloria a Dios!", grité por el teléfono. "¿Cómo dijo?". "Espero que comprenda, señorita, lo que esto significa para mí", le dije emocionado. "No, creo que no, pero gloria a Dios, de todos modos", dijo sonriendo. "¿Qué le van a hacer ahora?", le pregunté. "El juez lo ha mandado de vuelta para que sea observado todavía. Sus padres creen que está loco. Pero creo que el juez está de parte del muchacho. Volverá a este tribunal más adelante", me explicó.

Me dio la dirección del hospital, e hice arreglos para ir a visitarlo. Pero no me dejaron entrar, con la explicación de que estaba incomunicado y con atención especial. Me puse en contacto con el padre de Forrest, quien logró obtener permiso para que yo pudiera verlo.

A los catorce días de haber sido arrestado nuevamente, entré al pabellón del hospital donde estaba Forrest. Lo habían ubicado con hombres mayores que él, en un pequeño cuarto. La puerta de la ventana tenía barrotes. Caminando hacia el cuarto, me preguntaba dónde estaban la justicia, la sabiduría y la misericordia cuando se colocaba a un muchacho en semejante ambiente. Forrest sonrió ampliamente cuando me vio.

"¡Ah, Víctor, qué alegría verte! Este lugar está perdido." "¿Cómo lo estás pasando?", le pregunté, aunque yo mismo podía verlo. "Esta gente está chiflada", dijo. "Yo me refiero a los que dirigen este lugar. Tenía dos Biblias cuando entré aquí, y me las han quitado."

Nos sentamos a conversar. Me quería contar lo que ocurrió en los tribunales. "Escúchame, chico", dijo en la terminología del único estilo de vida que conocía. "En el juicio di testimonio de lo que Jesús hizo en mi vida. Creen que estoy drogado de nuevo; por eso me han vuelto a poner aquí. Cuando llegué aquí me hicieron asistir a una de esas sesiones de terapia de grupo. Todos me gritaban insultos por mi fe en Cristo". Hizo una pausa y bajo la cabeza. "Víctor, me parece que he perdido el gozo inicial." Dejé que terminara de desahogarse. Luego oramos. "Me siento mejor ahora", dijo cuando terminamos. Nos despedimos con un apretón de manos y cuando salí, me miró con la sonrisa de siempre. "Siento la mano de Dios sobre mí nuevamente."

Dos semanas más tarde, Forrest debía aparecer nuevamente ante la corte judicial para el dictamen final en relación con su caso. Mientras tanto, yo seguí trabajando en la Casa de Jesús, reuniendo los requisitos necesarios para que fuera reconocida como una institución religiosa legalmente autorizada para el ministerio que teníamos por delante. Después de considerar en oración diversos nombres posibles, me pareció que el más adecuado era *New Life For Youth* (Nueva Vida para la Juventud). Un abogado preparó los documentos, y ya estábamos listos para comenzar.

Las dos semanas pasaron rápidamente y fui a presencia del juicio. El juez le preguntó a Forrest: "¿Quieres volver a la casa de la organización Nueva Vida para la Juventud con el Señor Torres?". "Sí, señor juez", contestó.

Después de escuchar el dictamen del hospital en el sentido de que nada podían hacer con él, el juez miró a Forrest. "Te voy a autorizar a que vayas a estar con el señor Torres. Aparentemente esta experiencia con Jesús te ha hecho más beneficio que todas las otras instituciones. Por lo tanto, te voy a encomendar en manos de la entidad Nueva Vida para la Juventud".

Abandonamos el palacio de justicia regocijándonos en el Señor. Los padres de Forrest, que tenían sus dudas sobre la denominada experiencia con Jesús, también estaban contentos, aunque no estuviesen totalmente convencidos.

Volviendo a Richmond en el automóvil, alabé silenciosamente al Señor por la liberación de Forrest, y su entrega en custodia a nuestra Casa de Jesús. Este hecho constituyó una confirmación más para mi alma de que el ministerio hacia el que el Espíritu nos estaba encaminando, era realmente conforme a su voluntad. Forrest venía a ser las "primicias" de nuestro trabajo, y una especie de "arras" o anticipo de bendiciones y victorias venideras. Tenía la impresión de que todo lo que había pasado en mí y por mí, tenía como fin llegar a este punto en mi vida; un punto donde pudiera alcanzar a jovencitos como Forrest; un punto donde pudiera tomarlos de la mano y enseñarles a entregarse en brazos del Hombre de Galilea. No podía recordar un momento excepto el de mi encuentro con Cristo cuando me sintiera más feliz o "elevado" (para emplear una expresión de los drogadictos).

Habiéndose resuelto favorable el caso de Forrest, ahora teníamos más tiempo para terminar los arreglos de la casa. Los cambios internos en la casa en las semanas subsiguientes parecían correr a la par de los continuos cambios que experimentaba Forrest en su ardor a Cristo.

Comenzaron a acudir a la casa otros muchachos y chicas. En poco tiempo todas las camas estaban cubiertas. El ministerio avanzaba lentamente, pero avanzaba. Comenzamos un programa diario y semanal de servicios religiosos, de estudio bíblico, de oración, de testimonio, y de trabajo. Los sábados por la noche las concentraciones de la "gente de Jesús" comenzaron a atraer a los jóvenes interesados en el movimiento, a jóvenes de las iglesias, y a otras personas que también sentían interés en nuestro ministerio y en profundizar su vida espiritual.

Necesitábamos más ayuda y el Señor nos envió, de una iglesia local, un matrimonio con un nombre famoso, pero de espíritu humilde: Dwight y Brenda Moody. "Esto tiene que ser del Señor, Carmen", le dije cuando le conté las buenas noticias sobre el ingreso de los Moody, "porque no podemos prometerles nada excepto lo que la propia fe de ellos les proporcione".

La fe y la vocación eran imprescindibles, especialmente teniendo en cuenta el sueldo que íbamos a poder pagarles: diez dólares por semana entre los dos. Dwight había dejado un trabajo con un buen sueldo para vivir en una habitación de tres por tres. Los Moody juntamente con Brenda Nash, una joven que cumplía tareas de asesoramiento espiritual, de secretaria, y un sin fin de tareas adicionales, componían el personal.

A ella también le dábamos diez dólares semanales. Pero la condición era que pagábamos cuando había el dinero. Con frecuencia nos quedábamos sin dinero. Y sin comida también. Una mañana temprano Dwight vino, y me hizo una pregunta: "Víctor, ¿hay dinero en la cuenta de banco como para comprar pan?". "Tenemos tres dólares", contesté, "y tenemos que pagar el alquiler".

Nos miramos en silencio, pero pensé: "Estos tres dólares no alcanzan para pagar el alquiler, de modo que es mejor que los usemos para comprar alimentos".

Fui a mi oficina a buscar la libreta de cheques, al tiempo que un vehículo se detenía frente a la casa. Me detuve para ver quién era. Bajaron dos mujeres, y se encaminaron hacia la entrada con paquetes bajo el brazo. Dwight salió a recibirlas, y le entregaron los paquetes. "Eh, ¡qué te parece esto!", gritó alborozado. "¡Comestibles!" Recibió los paquetes y los abrió. Yo salí apresuradamente para ver qué contenían. Tres panes y algunas tortas. ¡Gloria a Dios! Les agradecimos, y ellas se fueron. Para nosotros eran ángeles. El cielo había visto nuestra necesidad, y llevó a cabo lo que para nosotros era un milagro, simple, pero verdadero.

Mi familia también necesitaba milagros. Yo no tenía sueldo. Todo lo que entraba en dinero iba al Centro. Cuando no sabía de dónde vendrían los próximos quince o veinte dólares que necesitábamos para comestibles y otras cosas esenciales, miraba a mis dos hijas, Feliza y Rosalinda, y le pedía desesperadamente al Señor que me diera lo necesario para proveer adecuadamente para ellas.

Invariablemente me llegaba alguna invitación para hablar, y con ella una pequeña ofrenda para seguir adelante; o alguien nos daba una donación o la mandaba por correo.

Al volver de la iglesia un domingo por la tarde, y sabiendo que en la alacena no había nada para preparar una comida nutritiva, nos dimos con una caja en la puerta. Se trataba de una caja abarrotada de comestibles. Carmen y yo nos miramos, no tanto sorprendidos, sino agradecidos. "El Señor otra vez, Carmen. Siempre sale a nuestro encuentro", dije mientras levantaba la caja y examinaba el contenido. Era pesada, y el mismo peso me indicaba que contenía una cantidad considerable de buenos alimentos. No supimos nunca quién dejó la caja, pero de una cosa estábamos seguros: que el Señor cuida de los suyos. Alrededor de la mesa esa noche, la oración fue algo más larga que de costumbre y algo más agradecida también.

En menos de un año la casa de seis habitaciones que ocupaba el Centro se hizo demasiado pequeña. Vivían allí doce personas, y había un solo baño, de modo que resultaba difícil de mantener en condiciones normales de vida. El decir de uno de los residentes era: "Si quieres usar el baño te conviene hacer la reserva con bastante anticipación".

Dwight entró un día y me dijo: "Hay una casa vacía a unas cuadras de aquí". Fuimos todos a mirarla. Me gustó el exterior de la casa, y volví con el objetivo de llamar al teléfono indicado en letrero que anunciaba que la casa estaba en venta. El vendedor se llamaba Charles. Pregunté en cuánto la vendían. Evitó dar una respuesta, preguntándome en cambio para qué queríamos la casa. Se lo dije, y me contestó que vendría a verme. "Quiero ver lo que hacen", me dijo. Le mostré la casita alquilada que ocupábamos y le conté de qué se trataba la entidad Nueva Vida para la Juventud.

"Muéstreme los documentos de la organización", dijo. "Espéreme un momento; los tengo arriba", y desaparecí. Charles estaba parado en la galería posterior de la casa, con los ojos clavados en el suelo y pensando. Al llegar al pie de la escalera, tuve un momento de indecisión, pero luego me acerqué. "Aquí tiene los documentos", le dije, pensando al mismo tiempo que tal vez se sentía mal. Levantó la vista. Tenía los ojos colorados y húmedos.

"Víctor, me alegro mucho por lo que están haciendo aquí. Lo que pasa es que no se lo dije, pero yo también soy creyente. Dios me ha estado hablando mientras recorríamos la casa y usted me hablaba sobre lo que se hace aquí. Quiero ayudarlo a conseguir el tipo de edificio que necesita". "Gloria a Dios", dije yo. "Ya tendrá noticias mías", agregó al salir. Pero no fue así.

Pasaban los días y no había noticias de Charles. Los días se convirtieron en semanas y yo seguía esperando. Ni vistas, ni llamadas; ni una palabra de parte de Charles.

Mientras tanto encontré otra casa en el vecindario, que se ofrecía en venta; una propiedad que había sido una clínica médica. Llamé al vendedor y convinimos en ir a inspeccionarla. Era más adecuada todavía que la otra. Inspeccionando este edificio de tres pisos me entusiasmé nuevamente. Yo podía ver dónde funcionaría la capilla, el aula, las oficinas, y tenía mucho más espacio para alojar gente necesitada de ayuda.

Finalmente llegó el momento de hacer la pregunta decisiva: "¿Cuánto?". "Treinta y nueve mil dólares", contestó con el tono habitual de los vendedores, como para que pareciera una ganga. Se me hizo un nudo en la garganta. "¡Eh! Es mucho para esta casa", le respondí. "Muy bien, piénselo y me comunica cualquier cosa", sugirió. "Sí. Como no. Más aún, creo que lo voy a considerar en oración", dije. Se mostró perplejo ante esto y nos separamos. De inmediato llamé a Charles. Cuando le describí la casa me preguntó: "¿Cuándo podemos ir a verla?". "Ahora mismo", le contesté. Ya en el edificio comprobé el entusiasmo de Charles. "Víctor, me emociona este lugar."

Recorrimos todas las habitaciones estudiando las posibilidades para nuestros fines. Volvimos al vestíbulo. Repentinamente Charles volvió a quedar callado, con la cabeza inclinada. Esta vez ya no me sentía preocupado, sino entusiasmado. Sabía que el Espíritu Santo le estaba hablando. Me estaba preparando para deleitarme con lo que me iba a comunicar.

Levantó la vista. "¿Cuánto dinero tienen para pagar un anticipo, Víctor?", preguntó. "Nada. Ni un centavo", contesté. "Bueno, ya es algo. Con algo hay que empezar y tener nada ya es algo", dijo, sacando un pedazo de papel y comenzando a escribir.

Mientras anotaba unas cifras comencé a glorificar al Señor silenciosamente. "Gracias, Jesús. Gracias, Jesús. Señor, utiliza a este hombre." "Víctor, creo que podríamos conseguir esta casa. Si puedo convencer al otro vendedor que vayamos a medias con la comisión, yo cederé mi parte, que equivale a novecientos dólares.

Si me cede enteramente la operación, yo le daré a usted la comisión total; eso serían unos 2.000 dólares. Con eso se podría pagar el anticipo."

Nos separamos y yo volví al Centro. El personal y los residentes convertidos comenzaron a celebrar reuniones especiales de oración, pidiendo al Señor que el otro vendedor renunciara a su comisión.

Mientras orábamos y esperábamos, pasé una tarde por la casa y para mi gran desilusión comprobé que el letrero había desaparecido. "Ah, no; se ha vendido. Alguien nos ha ganado de mano", pensé. La hablé a Charles de inmediato. "Averiguaré en seguida", me prometió. Habló al día siguiente: "Sus oraciones han sido contestadas. El otro vendedor entregó la casa porque no la podía vender. Ya podemos ponernos a la obra".

"Ahora tenemos que encontrar el dinero para el anticipo", le dije a Carmen. "Yo voy a donar cien dólares", me dijo el señor Rider, uno de los miembros de la junta directiva de Nueva Vida para la Juventud, cuando se enteró de la propuesta.

Pero a los pocos días me encontré con él y me dijo:

"¿Se acuerda de los 100 dólares que le iba a dar?". "Sí", le dije, pensando en qué habría ocurrido para que cambiara de parecer. "Bien, el Señor me habló y me indicó con toda claridad que debía transformar los cien dólares en mil dólares." "Alabado sea Dios", salté de alegría interior y exteriormente. Me parecía que vivíamos alabando a Dios continuamente al ver cómo se desarrollaban los acontecimientos.

En cosa de semanas logramos reunir los cuatro mil dólares que necesitábamos para el anticipo, y el propietario redujo el precio total a treinta y cinco mil.

Firmamos y legalizamos los documentos. Nueva Vida para la Juventud tenía ya una casa más grande, mejor y más adecuada para la gloria de Dios y para el beneficio de jóvenes en busca de hogar. Por fin la casa en la avenida Dundee 315, en la intersección de Forest Hills y Semmes era nuestra, y podíamos tomar posesión de ella.

Charles me volvió a visitar para discutir algunos detalles. Cuando estaba a punto de partir me preguntó: "¿Dónde vive usted?". "Carmen y yo alquilamos un departamento. Está a unos quince minutos de aquí. Tenemos dos hijas pequeñas, por eso es más conveniente que no vivamos en el Centro", le expliqué.

Me miró seriamente y preguntó: "¿No quiere comprar una casa para usted y los suyos?". "Yo le dije: "Claro, con todo el dinero que tengo. ¿Me está haciendo una broma?". "¿No tiene nada?", me preguntó nuevamente. "En lo que se refiere a dinero, no. La cantidad que tengo en el banco es cero." "Escúcheme, ¿por qué no me acompaña a una casa que tengo que inspeccionar? Échele un vistazo por lo menos", me sugirió.

Hicimos un recorrido de unos doce kilómetros hasta llegar a una zona residencial de Richmond. Charles me explicó que había comprado la casa que íbamos a ver a modo de inversión. "Tengo que examinarla porque está vacía en este momento", dijo cuando dimos vuelta una esquina. Levanté la vista en momentos en que comenzaba a oscurecer, y el farol de la calle iluminó una de las verdes placas con los nombres de las calles. El nombre me llamó la atención en el acto: "POWELL". "¡Eh, Charles!", exclamé. "¿Por qué me llevas a mi viejo barrio?". "¿Cómo? No entiendo." "Bueno, ocurre que, en Brooklyn, donde me crié, vivíamos en una calle que se llamaba Powell", le contesté riendo.

Detuvo el automóvil frente a la casa. Me acerqué a la casa pensando para mí mismo: ¡Eh! Es una hermosa casa. ¡Qué barrio! ¡Qué casa más linda! ¡Qué hermoso sería si algún día Carmen y yo pudiéramos tener algo así! Charles empezó a hablar sobre la casa, pero yo no le escuchaba. Estaba demasiado ocupado con mis sueños. Tres dormitorios. ¡Qué lindo sería tener dinero para comprarla! ¡Qué emoción sería para Carmen! Después de cinco años de andar viajando se merece algo así. Pero volví a la realidad y descarté la idea.

"Charles, tiene una casa realmente hermosa", le dije. Estábamos parados en el centro de la sala. Di unas vueltas, y al volver encontré a Charles nuevamente con la cabeza inclinada como en otras ocasiones. "¿Y ahora qué, Charles?", pensé mientras esperaba. "Siento una cosa extraña, Víctor. Empiezo a sentirme como me sentía cuando nos conocimos en la Casa de Jesús", me dijo. "¿Ah sí? ¿Qué es lo que siente?", le pregunté. Metió la mano en el bolsillo y sacó una llave. "Víctor, el Señor me está hablando. Le voy a dar esta casa." "¿Cómo?". No pude decir una palabra. "Sí, Dios quiere que le regale esta casa." "Carlos", dije. "Por favor, no se deje llevar por el entusiasmo." "No. Yo sé lo que está haciendo el Señor", me aseguró.

Al comprender que hablaba con toda sinceridad, me sentía impaciente para llevarle la noticia a Carmen. Me llevó de vuelta al Centro, donde había dejado mi auto, y consideramos los detalles de la operación de traspaso de la propiedad. Salí para casa a toda velocidad. Al entrar no pude evitar que las lágrimas me rodaran por la cara. "¡Carmen!", grité apenas hube traspuesto la puerta. No me vas a creer lo que ha ocurrido. ¿Estás preparada? Tengo una sorpresa qué darte." "Alguien va a poner lo necesario para pagar la Casa de Jesús", comentó. "Cierra los ojos", le dije. Saqué la llave del bolsillo, y se la puse en la mano, abrió los ojos, la miró, y luego me miró a mí. "¡Dios acaba de darnos una casa!" Yo estaba tan emocionado que apenas podía hablar. Le describí la casa lo mejor que pude.

Elevamos los brazos hacia el cielo y comenzamos a orar en el Espíritu. Carmen, con lágrimas de gozo y emoción, dijo entonces: "Oh, Víctor, hace tiempo que vengo orando y orando por algo así". Eran las once de la noche, pero nos metimos en el automóvil y fuimos a ver la casa. Cuando nos alejábamos después de inspeccionarla, miré nuevamente la placa con el nombre de la calle y le dije a Carmen: "Casi no puedo creerlo, querida. ¿Qué te parece? El Señor me sacó de la calle Powell en Brooklyn, y me ha traído a esta otra calle Powell en Richmond. Parece un sueño".

Le expliqué a Carmen que recibíamos la casa sin anticipo, y que con la suma que invertíamos en alquiler pagaríamos la hipoteca. "Es prácticamente un regalo, Carmen".

Deslizándonos por la Calle Powell pensé en el viejo Víctor, hijo de esas calles tenebrosas, y di gracias a Dios una vez más por haberme sacado de esas calles, y haberme iniciado en una nueva senda, y hacia esta nueva calle POWELL también. Para nosotros era más que nuestro nuevo domicilio; era un símbolo de la nueva vida que Cristo me había dado.

El hijo del hampa se había transformado en hijo de Dios y en heredero, y "co-heredero con Cristo Jesús". Me vino a la mente el pasaje de Efesios 2:12–13: *"En aquel tiempo estabais sin Cristo (…) sin esperanza y sin Dios en el mundo. Pero ahora en Cristo Jesús, vosotros que en otro tiempo estabais lejos, habéis sido hechos cercanos por la sangre de Cristo".*

15

UNA VISITA AL VIEJO BARRIO

Varios años después de mi conversión, se me presentó la oportunidad de volver al antiguo territorio de los "Señores Romanos" en compañía de mi esposa, Carmen. Recorrimos en automóvil la calle Powell, y el resto del barrio. Le señalé los lugares donde solíamos reunimos: la confitería donde pasamos muchas horas, las azoteas donde me inyectaba heroína, el departamento donde vivía mi familia.

En cierto momento alcancé a ver un rostro que me resultó familiar. Toqué la bocina y grité. "¡Little Joe!" Me acerqué a la acera y bajé del auto. Le llevó un instante reconocerme. "¡Víctor! ¡Víctor! ¿Qué pasa, chico?". Nos abrazamos. Me volví para presentarle a Carmen, y vi que ella estaba sorprendida por la mutua emoción que nos embargaba después de mis años de ausencia del barrio. "Hombre, te ves muy bien", comentó. "Así es, Little Joe", dije. "Dios ha sido muy bueno conmigo. Más aún, me ha cambiado la vida. Ahora estoy con el Señor."

Volvió la mirada hacia otro lado. Me di cuenta que se sentía turbado o sencillamente indiferente ante mis palabras. Era evidente que él seguía con las drogas. "¿Y tú, Joe? ¿Cómo te va?". Quería ver como reaccionaba.

Me explicó que acababa de salir de la penitenciaría de Elmira, Nueva York, y que había vuelto a inyectarse heroína. Lo miré, y pude ver en él un reflejo de mi propio pasado. Sentí lastima y compasión por él, y anhelaba darle lo que yo mismo tenía.

Dejé de soñar y le dije: "Joe, echa un vistazo alrededor tuyo. ¿Quién queda en el barrio del grupo original? Big Ray ha muerto." "Sí, pobre tipo", dijo Little Joe sombríamente; "murió con veinticuatro puñaladas en el cuerpo." Indo, también muerto de un balazo por Luis, apodado 'Puñal', allí mismo, cerca de mi casa." Proseguí así enumerando la lista de muertos.

"Joe, escapa ahora que tienes la oportunidad." Le pedí que subiera al auto para seguir conversando con Carmen y conmigo. Anduvimos recorriendo las calles del barrio, mientras yo seguía dándole mi testimonio. Me escuchaba en silencio. Tuve la impresión de que estaba dando en el blanco. Me ofrecí a llevarlo conmigo para que se alejara de la zona y de la vida que venía viviendo.

"Víctor, tú siempre fuiste listo. Tienes un buen cerebro." Así se rompió el silencio. "Hombre, ¿por qué no abandonas esta farsa religiosa y te vienes conmigo?". "¿A dónde?", le pregunté. "¿Qué quieres decir?". "Mira, tengo este banco preparado", dijo entusiasmado. "Está todo planeado. Tengo un par de pistolas; y tú y yo podríamos dar un gran golpe. Mira, tú tienes vehículo y cerebro, y yo pongo el plan. Juntos podríamos hacernos de una buena suma de dinero."

Detuve el auto. Me di vuelta, y mirándolo a los ojos le dije: "Joe, siento verdadera lástima por ti. Tal vez no me creas, pero Jesucristo me ha dado todas las satisfacciones que hubiera podido desear. Yo no necesito hacer las cosas que tú haces." Terminé de decir esto, y arranqué nuevamente. Vi otro rostro familiar en la esquina de la calle Christopher. Esa esquina era la más popular de la pandilla en una época.

"¡Beebop!", grité desde el auto. Se dio vuelta y me reconoció de inmediato. Varios rostros de la misma época andaban por ahí, y Beebop los llamó. Salí, y una vez más relaté mi historia. Me miraban y escuchaban en silencio. Cuando terminé, Beebop se adelantó, y me extendió la mano. Nos dimos un fuerte apretón. "Es grandioso, Víctor. Espero que sigas así. Creo que estás bien encaminado", dijo con toda sinceridad. Todos nos dimos la mano en la misma forma, y les presenté a Carmen. Luego dije que me parecía que era hora de seguir el viaje. Me volví nuevamente hacia Little Joe: "¿No quieres cambiar de parecer, y aceptar la oferta?". "No, creo que me voy a quedar por aquí un poco más", contestó. "Bueno, pero vamos a orar por ti, Little Joe", le dije mientras arrancábamos. "Bueno, bien", dijo con un gesto como de indiferencia.

Me entristeció que Little Joe no estuviera dispuesto a seguir mi camino, pero al mismo tiempo estaba contento de que yo no estuviera siguiendo el camino de él. Esta visita sirvió para convencerme más todavía de que Cristo me había librado de la pandilla, de las drogas, y de todo aquello que en una época consideraba tan importante en mi antigua vida.

Salimos de Nueva York, y tomamos la autopista de Nueva Jersey a Virginia. Mientras viajábamos volví a vivirlo todo de nuevo: las calles de Brownsville, y la senda por la cual me había conducido el Señor, incluyendo viajes por diferentes partes del mundo proclamando el evangelio.

"Carmen, todo esto me parece casi un sueño."

Un escalofrío me recorría la espalda cuando pensaba en estas cosas. Pensé en los países en los cuales había tenido el privilegio de anunciar las "Buenas Nuevas": Inglaterra, Francia,

Suiza, Alemania, España, el Líbano, Argentina, Chile, Colombia, Ecuador y otros países suramericanos. De los miles de drogadictos de Nueva York, ¡Dios vino y me buscó a mí!

Y ahora Richmond, Virginia: las cárceles, las calles, los ricos, los pobres, los drogadictos, los fugitivos.

"¡Fíjate, Carmen! Dios nos está poniendo en contacto con toda clase de personas. ¡Y pensar que a todos los ama igual! Todos somos sus hijos. ¿Sabes, Carmen? Amo la tarea que el Señor nos ha encomendado."

Me vino a la memoria un versículo favorito mío: *"Mas el Dios de toda gracia, que nos llamó a su Gloria eterna en Jesucristo, después que hayáis padecido un poco de tiempo, el mismo os perfeccione, afirme, fortalezca y establezca"* (1 Pedro 5:10).

16

EL MILAGRO SIGUE OCURRIENDO

La casa en la Avenida Dundee se había llenado a su capacidad. Lo más importante era que el ministerio entero había crecido al mismo tiempo que luchábamos contra oposiciones en nuestros pocos años de existencia. Yo he observado esta expansión, desarrollo, y debo admitir que he crecido con ellos.

Contrario a la creencia popular, el problema de la droga no ha disminuido. En realidad, se ha empeorado. Las personas ahora vienen a nuestra casa no solo adictos a la heroína, LSD, cocaína, sino también dependientes del crack y la metadona; la última droga que pueden obtener fácilmente por medio del gobierno de los Estados Unidos, quien la promueve a través de la administración y legalización en prácticas médicas en todo el país.

Acabar con el hábito de la metadona es frecuentemente dos o tres veces más difícil que eliminar el efecto que tiene la abstinencia de heroína. No solo hemos visto un incremento de hombre jóvenes que vienen hacia nosotros, sino ahora también hay un alto número de mujeres. Algunas están en drogas, otras en prostitución, otras han destruido su vida debido a su procedencia de disfuncionales ambientes familiares. La necesidad de tener espacios separados para mujeres llegó a ser más y más apremiante, hecho que se nos convirtió en motivo de oración constante por parte de nuestro personal, Carmen y yo.

Pero a través de nuestra oración y consideración, Dios nos ha provisto con una casa para mujeres que están sufriendo, y reciben ayuda y sanación para sus vidas deterioradas. La mayoría de las mujeres que vienen a nuestro Centro han sufrido los más horribles abusos y heridas. Las cicatrices emocionales son tan impactantes que, debido a ello, algunas han vivido una vida de opresión y dolor.

Una muchacha en particular tocó mi vida profundamente. Cada vez que hablaba de su pasado, ella no paraba de llorar. Ella empezó a beber alcohol cuando sus padres comenzaron a poner alcohol en la botella de su leche, solo para mantenerla pasiva. Más tarde, en su adolescencia, se convirtió en alcohólica, igual que adicta al crack y a cualquier otra sustancia que pudiera poner en sus manos.

Es una gran bendición y gozo ver a Sandy hoy viviendo para Jesús, y libre para toda su vida. La casa de las mujeres es un sueño hecho realidad, especialmente cuando usted ve a estas mujeres ahora libres y edificando su vida nuevamente. Y Dios aún tiene más planes para la expansión de nuestro ministerio.

Una noche de viernes, durante el tiempo de oración y comunión que tenemos en nuestra casa con el personal y los residentes del centro, Carmen se sobrecargó en el momento de la oración y compartió con los presentes lo que sintió en su corazón. Todos nos quedamos en silencio y ella entusiasmada, cuando relató lo que el

Espíritu Santo le había mostrado en una visión. Ella vio un lugar en el campo con montañas y mucho espacio para correr y trabajar; un lugar con vacas y sembrados de alimentos. Todos nos quedamos atónitos. El personal del Centro y yo sabíamos que Carmen normalmente no reaccionaba de esta forma ante las visiones. Yo sabía que esta visión era muy hermosa y poderosa como para no prestarle atención. Nosotros se la entregamos a Dios en oración, y terminamos la reunión por esa noche.

A medida que el tiempo fue pasando, yo deseché la visión de mi mente. Había muchas otras cosas en qué pensar en la realidad cotidiana. Nuestro problema inmediato era espacio. La casa para hombres estaba a capacidad con 28 hombres. No había espacio para recreación, trabajo, estudio ni para otras cosas importantes en un ministerio residencial como el nuestro.

Sin embargo, me sentía impotente por no hacer nada al respecto. Yo siempre me he caracterizado por ser rápido en acción. Si las cosas no progresan, yo me encargo de hacer algo para que progresen. Pero yo no podía encontrar solución a nuestras condiciones de hacinamiento. Por tanto, con frecuencia pensaba en ese lugar en el campo donde nosotros pudiéramos mandar a nuestros nuevos convertidos cristianos lejos de las interferencias de la vida, la ciudad y distracciones como el licor que allí se consigue, puesto que representa una tentación permanente para ellos. No es que estemos esperando esconderlos de la tentación que las personas siempre van a experimentar en su vida, pero en los momentos recientes a su liberación de drogas y pecado, nosotros preferimos tenerlos en un ambiente lleno de paz y tranquilidad.

De repente, recordé la visión de Carmen. Yo corrí a ella exclamando: "¿Te acuerdas de la finca que fuimos a ver el año pasado en el condado de Spotsylvania?". "¿Cuál finca?", ella respondió. "De la que Hawkins nos habló", yo respondí. Una ráfaga de fe comenzó a crecer entre nosotros. Inmediatamente llamé al dueño, el señor Miles. Cuando su esposa contestó el teléfono, ella respondió que su esposo no se encontraba. "¿Usted sabe dónde lo puedo encontrar?", le pregunté. "Sí, él está en la finca. Él va todos los sábados en la mañana para cortar heno." Yo le agradecí y casi antes de colgar el teléfono, busqué a Carmen y le dije: "Vamos a la finca a buscar al señor Miles".

A medida que íbamos conduciendo hacia el lugar, recordé que un año atrás yo había visitado al señor Miles. Cuando entramos, subimos la montaña hacia una hermosa casa colonial. Allí estaba el señor Miles trabajando en uno de sus tractores.

Nos presentamos a nosotros mismos, y le dijimos que estábamos interesados en el lugar. Él nos mostró alrededor, y yo trataba de recordar cuánto nos había pedido por esta finca de 118 hectáreas. Yo no tenía dinero para ofrecerle, pero entre más caminábamos, más me preguntaba qué estaríamos haciendo Carmen y yo en ese lugar.

No sabía nada acerca del negocio de compra y venta de bienes raíces. De pronto, un número vino a mi mente: $250.00 al mes. Yo estaba tan entretenido con mis pensamientos, que no me di cuenta que Carmen estaba tirando de mi abrigo y diciéndome: "¡Querido, querido!" Ella estaba tratando de llamar mi atención. "¡Este es el sitio! La finca de la visión que Dios me dio. Mira las montañas, las vacas negras… ¡es tal como la vi!" Yo miré a Carmen y miré otra vez el espacio verde del campo. Los dos sentimos el Espíritu Santo confirmándonos que Dios quería esto para nuestro ministerio.

Cuando le compartí esta inquietud al señor Miles, él me preguntó: "¿Cuánto puede pagar por mes?". Yo pasé saliva y respondí: "$250.00". El señor Miles me miró de una manera extraña, y no dijo ni una sola palabra, pero alcancé a observar una pequeña sonrisa en su rostro. Después, empezó a hacerme diversas preguntas acerca de mi ministerio con la juventud en problemas.

"Nuestro propósito aquí es ayudar a que crezcan nuevas vidas", le dije. "Usted recibirá mi respuesta dentro de tres días", exclamó el señor Miles al despedirnos.

En el día tercero, mi ansiedad aumentó y decidí llamarlo. "Yo quiero ayudarle, Víctor", dijo el señor Miles. Usted la puede rentar por un año y así tendrá el tiempo para obtener el dinero que se requiere para la compra."

Había mucho trabajo por hacer. La casa de la finca estaba deteriorada. Nosotros empezamos a enviar la información a todos los lugares donde se encontraban nuestros amigos del ministerio, pues deseábamos compartir con ellos nuestra actual situación de vivienda y nuestros futuros planes para este nuevo lugar campestre. Muchos respondieron. Algunas semanas después, 14 muchachos felices se mudaron a nuestra finca que fue dedicada como "El Rancho de Nueva Vida para la Juventud" o *New Life For Youth Ranch*.

Nuestro ministerio ha crecido considerablemente proporcionando vivienda para un promedio de 100 personas. Muchos de los estudiantes proceden de una vida con serios y profundos problemas de drogadicción relacionados con heroína, cocaína y alcohol. Nosotros los tomamos directamente en las calles de la ciudad. Nosotros les ministramos, les damos esperanza, y una oportunidad de tener una nueva vida con un propósito definido.

Ellos permanecen con nosotros a medida que participan del programa de un año de discipulado cristiano. Cuando se gradúan, ellos son testimonio del poder de Dios y su gracia para cambiar vidas. Nosotros operamos el Rancho de Nueva Vida en Spotsylvania para hombres (*The Ranch*), La Casa de Hombres en Richmond, La Casa de la Misericordia para mujeres con problemas de adicción (*Mercy House*), La Casa de la Misericordia para madres y niños (*Mercy Moms House*) y el Parque de la Celebración (*Celebration Park*) en Richmond, que es usado para entrenamiento vocacional. Nuestros programas de extensión consisten en visitar la calle, la cárcel, y alcance comunitario a través de nuestras compañías productoras de ingresos.

El Parque de la Celebración es una parte vital de nuestra rehabilitación y programa de discipulado para los residentes de ambos sexos. Consta de 12 hectáreas con dos almacenes situados en una esquina muy visible en Richmond, Virginia. Una gran tienda de segunda mano, lavado de automóviles, y un kiosco de alimentos para las personas de la comunidad. Todos estos esfuerzos de pequeñas empresas permiten a los estudiantes adquirir habilidades para la vida, la oportunidad de compartir su testimonio cristiano con la comunidad, y utilizar la experiencia laboral para posibles futuras oportunidades de trabajo.

Una joven que recientemente se graduó del programa, y quien ha trabajado en la tienda de objetos usados, vino un día y me dijo: "Gracias, Pastor, por Nueva Vida; yo al graduarme, estoy libre de drogas y con una hoja de vida elaborada".

También me gustó lo que un joven vino a decirme: "Hombre, ¿dónde más alguien puede venir a comprar muebles, lavar su automóvil, comerse un sándwich y ganar su salvación a la misma vez?".

El Parque de la Celebración es un nuevo concepto de alcance comunitario. Nuestros estudiantes lavan los carros y ministran a los clientes, y así mucha gente viene a Cristo. Muchos llegan con sus hijos, hijas y amigos que han caído en el vicio de las drogas, pues han recibido información acerca de nuestro ministerio, y vienen con sus seres queridos al programa a recibir ayuda. Es también el lugar donde los estudiantes reciben entrenamiento para el mundo exterior cuando ellos terminan el programa. Las mujeres administran la tienda de objetos usados, manejan la caja registradora, y atienden ventas al público. Una joven me dijo recientemente que ella está ganando la confianza que había perdido su familia y la sociedad, como resultado de las responsabilidades en la caja registradora en la tienda de Nueva Vida para la Juventud. Muchos de nuestros estudiantes encuentran trabajos en la comunidad cuando se gradúan, como resultado del entrenamiento que reciben mientras están con nosotros.

Otro milagro que Dios ha obrado en nuestro programa es nuestra renovada Casa de la Misericordia. Esta casa es una mansión que fue usada como floristería años atrás. En la primavera del 2007, nosotros dedicamos la casa al servicio de Dios. La casa puede albergar 24 estudiantes. Esta hermosa vivienda fue renovada por voluntarios que trabajaron arduamente, y por medio de donaciones de la comunidad. Allí se provee sanación para hombres que han sufrido de serios problemas de control y abuso en sus vidas. Esta casa es realmente la respuesta a nuestras oraciones.

En el año 2013, La Casa de la Misericordia para Madres abrió sus puertas para brindar la alternativa de hogar transicional a las mujeres con hijos que una vez obtienen su certificado de graduación, mediante clases de escuela de padres aprobadas por la corte de Virginia, adquieren la custodia de sus hijos.

El objetivo de la casa es proporcionar un ambiente seguro y consistente para que madres e hijos establezcan una relación saludable después de haber estado separados por cierto tiempo debido a la adicción, y otras situaciones de violencia doméstica y control en sus vidas. En los últimos cuatro años, *Mercy Moms House* ha acogido a más de 15 madres y 20 niños, quienes han encontrado refugio en un hermoso hogar lleno de amor y compasión.

Yo también estoy agradecido con el hecho de que mis hijos han estado involucrados en el Ministerio de diversas maneras, y constituyen un importante papel en el desarrollo de Nueva Vida para la Juventud.

17

UNA IGLESIA PARA TODOS LOS TIEMPOS

Parte del milagroso crecimiento a través de los años, es nuestra iglesia madre, la cual sirve a los estudiantes y sus respectivas familias en Richmond, Virginia. En 1979, Dios habló a mi corazón y al de Carmen, diciéndonos que plantáramos una iglesia que llegaría a ser hospital espiritual del Ministerio, y continuaría tocando las vidas, no solo de los estudiantes, sino de las familias de los mismos. Nos dimos cuenta que frecuentemente cuando ministrábamos a un hijo, hija, esposo o esposa que completaban el programa, ellos regresaban a sus familiares aún inconversos, y en algunas ocasiones con problemas de adicción y disfuncionalidades familiares. La necesidad de alcanzar a la familia entera fue evidente, y se convirtió en una tarea del ministerio. Tuvimos una visión en la que veíamos madres y padres de los estudiantes graduados que venían a Jesús.

Hoy, la Iglesia de Alcance Nueva Vida (*New Life Outreach International Church*) es un testimonio vivo de milagros. La iglesia cuenta con alrededor de 40 ministerios, y sirve a la ciudad entera y condados de la periferia. El impacto en los barrios vecinos ha servido para bajar los niveles de criminalidad. Parte de la continua cura para aquellos a quienes alcanzamos y han venido de una vida de drogadicción es el discipulado continuo y la restauración que la Iglesia brinda a sus miembros.

La mayoría de los graduados del programa Nueva Vida para Jóvenes (*New Life For Youth*) permanecen en la iglesia como líderes espirituales.

La Iglesia está llena de milagros vivientes. Gran parte de nuestros miembros han sido salvados a través de nuestro ministerio de alcance, y rara vez una semana pasa sin que alguien acepte a Cristo como su Señor y salvador personal.

La Iglesia ha llegado a ser un lugar de fuerte y vibrante compañerismo en Cristo desde diferentes ámbitos de vida. La congregación es multicultural, y representa personas de todas partes del mundo. Creo firmemente que es una representación de lo que será el cielo con personas de diferentes lenguas, naciones y razas.

En agosto de 2003, nos trasladamos a nuestra actual sede, localizada en 1005 Turner Road en un terreno de 35 hectáreas y con capacidad para sentar a 1.000 personas.

Dios nos ha dado la visión de plantar similares ministerios, iglesias y casas de rehabilitación alrededor de América y del mundo entero. En la actualidad tenemos iglesias hijas en Ettrick, Virginia; Ciudad de Richmond; Nueva York; Huntsville, Alabama; Fredericksburg, Virginia; Concord, North Carolina; y Tampa, Florida. En el año 2007, inauguramos 9 iglesias en Ghana, África, donde mi hija Feliza y su esposo, el Pastor Angelo Cabrera, juntos con sus hijas Annie y Marisol, vivieron temporalmente para plantar allí nuevos ministerios. Nuestra visión y llamado es rescatar a los perdidos para Cristo, y dar esperanza a quienes no la tienen a través del amor de nuestro Señor.

18

NUEVA VIDA PARA LA JUVENTUD EN LA ACTUALIDAD

Actualmente el Programa Nueva Vida para Jóvenes cuenta con aproximadamente 105 estudiantes, 30 empleados y 15 pasantes. En este momento se opera un total de 12 casas de rehabilitación para hombres y mujeres.

El éxito de Nueva Vida para la Juventud se ha expandido en otros estados como Carolina del Norte, Alabama, Bronx, Nueva York. El programa también se encuentra operando en República Dominicana.

Recientemente, se ha abierto una nueva casa ubicada en la ciudad de Richmond con capacidad para 40 mujeres, quienes recibirán atención y apoyo espiritual para romper con las cadenas de la adicción.

La principal fuente de ingresos para cubrir los gastos necesarios para el mantenimiento y operación de los hogares de rehabilitación es el apoyo de individuos, iglesias y personas como usted, quienes creen en lo que hacemos. También tenemos entrenamiento vocacional que permite a los estudiantes aprender habilidades laborales. Por medio del negocio de lavado de automóviles y la tienda de objetos usados, se obtienen otras ganancias que contribuyen a mantener abiertas las puertas del programa a nuevos estudiantes.

De igual manera, nosotros encontramos apoyo económico en la comunidad al realizar eventos para la recolección de fondos para el programa.

Los estudiantes afrontan tres fases en el programa con características similares, pero con objetivos diferentes de acuerdo al nivel espiritual y sanación interior alcanzada:

Fase 1. Orientación:

La fase de orientación consta de tres meses. Incluye un periodo de prueba de un mes para que los estudiantes se ajusten a la estructura y naturaleza del programa de residencia.

Fase 2. Inducción:

La fase de Inducción abarca un mínimo tiempo de tres meses, e incluye discipulado, consejería, clases individuales y grupales, entrenamiento vocacional, estudio bíblico, servicios religiosos, recreación, etc.

Para completar esta fase, los estudiantes deben seguir instrucciones, obedecer, tener una actitud positiva, y mostrar respeto por las personas alrededor. Esto se constituye en indispensable requisito para el proceso de recuperación.

Fase 3. Entrenamiento:

El propósito de esta fase es preparar al estudiante para un exitoso retorno a la sociedad por medio de la adquisición de técnicas para resolver las situaciones de la vida de una manera positiva basada en el amor de Jesús, y no recurriendo a falsas escapatorias como son las drogas y el alcohol. Cada individuo recibe entrenamiento vocacional y académico, y discipulado cristiano. Los estudiantes pueden acceder a consejería espiritual otorgada por los líderes del ministerio.

Igualmente, los estudiantes cuentan con asesoría del Departamento de Consejería y Trabajo Social, el cual lidera individualmente el "Plan de Vida Divino", que abarca diferentes áreas prácticas de la vida del estudiante, quienes paso a paso avanzan en la adquisición de objetivos para re-ingresar a la sociedad.

Por casi 50 años, Nueva Vida para la Juventud ha sido el lugar de refugio seguro y sanación para individuos que sufren de problemas de dependencia de substancias como drogas y alcohol. Se ha constituido en un símbolo de esperanza para más de veinte mil hombres y mujeres que han encontrado restauración en sus vidas, y se han liberado de las cadenas opresoras de la adicción.

Si desea ayudar al ministerio de Víctor Torres y Nueva Vida para la Juventud (*New Life For Youth*) o si necesita ayuda o consejo, usted puede escribir a:

Víctor Torres
New Life For Youth
P.O. Box 13526 Richmond, VA 23225
1-844-231-HOPE
www.newlifeforyouth.com

VÍCTOR, LA PELÍCULA

Bajo la dirección de Greg Wilkerson, se produjo una película filmada en los estudios de FOX, Hollywood, CA. Esta película ha servido de instrumento de evangelización y esperanza para familias alrededor del mundo.

La misma cuenta con traducción en diversos idiomas. www.thevictormovie.com.

VÍCTOR ha sido reconocida y nominada en diferentes festivales de cine nacional e internacional, ganando premios a mejor fotografía, película para jóvenes, drama y evangelización.

ACERCA DEL AUTOR

Víctor Torres llegó a ser uno de los más importantes pandilleros en las peligrosas calles de Nueva York. A él no le importaba sino su propia vida. Equipado con armas y drogas, su vida perdida no tenía ninguna esperanza de salvación. Desde su conversión a Cristo, él ha ministrado y llevado su historia a más de 35 naciones. Él ha testificado a miles de personas en Estados Unidos y en el mundo.

Víctor y Carmen Torres son los fundadores de *New Life For Youth* (Nueva Vida para la Juventud), un poderoso y exitoso ministerio para las pandillas, así como para hombres y mujeres encadenados por la drogadicción y otros hábitos que controlan sus vidas. Su ministerio y éxito han sido reconocidos por el gobierno local y nacional. Víctor y Carmen Torres son los pastores principales de *New Life Outreach International Church* (Iglesia de Alcance Vida Nueva), un vivo testimonio de milagros sobre los diferentes ámbitos de la vida.

"Víctor Torres es más que un excelente ministro de la Palabra de Dios. Él es un milagro viviente que confirma el poder el Espíritu

Santo en el mundo de hoy. Yo recomiendo este libro para quien
necesite esperanza y un encuentro espiritual con Dios en su vida."

Pastor Jim Cymbala
Tabernáculo de Brooklyn
New Life For Youth
Tel. (804) – 6059
www.newlifeforyouth.com

New Life Outreach International Church
Tel. (804) 276- 6767 www.newlife1.org